KB242320

미디어 아트의 거장
백남준

백남준

김나정 지음

자음과모음

차례

1장
큰 대문 집 막내아들

2장
동양에서 온 문화 테러리스트

잘린 황소 머리가 눈을 부릅떴다. 갤러리 입구에 걸린 황소 머리를 보고 사람들은 기겁했다. 남준이 도살장에서 직접 구해 온 진짜 소머리였다. 눈알이 희번덕거리는 황소 머리를 보고 사람들은 주춤거렸다. 하지만 황소 머리는 갤러리 현관 정중앙에 걸렸다. 전시회를 보려면 황소 머리 옆을 반드시 지나가야 했다. 관람객들은 황소 머리에 닿지 않게 몸을 움츠렸다. 피비린내가 물씬 풍겼다. 가까이서 보니 더욱 처참했다. 정육점에서 보던 소고기들이나 목장을 노니는 젖소들과는 달랐다. 무얼 보기 위해 여길 왔느냐고 묻는 것 같았다. 황소 머리를 통과한 관람객은 한숨을 내쉬었다. 그게 끝이 아니었다. 문으로 들어서면 이번엔 거대한 기구(氣球)가 앞을 가로막았다. 기상 관측용 기구는 복도를 꽉 채웠다. 지나갈 틈이 없었다. 관람객들은 기구를 밀치고 틈새를 파고들어 가거나, 둥싯거리는 기구 밑으로 기어가야 했다.

황소와 기구를 통과하면 마침내 남준의 첫 개인전 '음악의 전시-전자 텔레비전'이 펼쳐졌다. 전시회의 테마는 음악과 텔레비전 두 가지였다. 공간 설치도 선보였는데, 물이 가득 채워진 욕조 안에는 마네킹이 들어 있었고, 큼지막한 거울은 관람객의 얼굴을 일그러지게 비췄다. 피아노 네 대가 전시되었는데, 모두 정상적인 연주가 불가능했다. 건반 밑에 판이 대어져 있거나 쓰러져 있었다. 건반을 누르면 현에 매달린 물건들이 움직이거나 라디오가 켜지는 피아노도 있었다.

전시의 핵심은 텔레비전이었다. 남준이 전시한 열세 대의 텔레비전 중 열두 대는 텔레비전으로는 쓸모가 없었다. 시청이 불가능했다. 거꾸로 놓였거나, 브라운관에 가느다란 선만 나왔다.

"이게 도대체 뭐야?"

관람객들은 어리둥절했다. 미술 전문가들도 황당해하기는 매한가지였다.

"이건 유치원 놀이터잖아."

"시장 바닥 같아."

어떤 비평가는 방송국에서 잘못된 화면을 보냈다고 생각했다.

"이건 방송 사곤가?"

황소 머리는 개막 첫날 철거되었다. 이웃들의 거센 항의 때문이었다. 황소 머리는 보기에 끔찍했으며 고약한 냄새를 풍겼다. 법에도 어긋났다. 독일 규정에 따르면, 도축된 가축의 머리는 곧바로 1미터 이상의 땅속에 묻어야 한다. 황소 머리는 갤러리 입구에서 사라졌다. 개막하고 30분쯤 지났을 무렵, 관객의 담뱃불에 닿은 기구도 펑 소리를 내며 터져 버렸다.

황소 머리와 기구만 화젯거리가 되어 신문에 크게 보도되었다. 게다가 이날 전시에서 요제프 보이스가 도끼로 피아노까지 때려 부쉈으니, 사람들의 관심은 작품이 아니라 다른 것들에 쏠렸다. 정작 남준이 심혈을 기울인 텔레비전 작품들은 그다지 주목받지 못했다. 남준은 "죽은 황소 머리를 열세 대의 TV가 당해 내지 못했다"고 아쉬워했다. 사람들이 자신의 의도를 알아내는 데 적어도 10년은 걸릴 거라고 쓴웃음을 지었다. 1963년 3월, 남준의 첫 전시회는 그렇게 끝났다. 하지만 미술사는 이 전시회를 비디오 아트의 출발점으로 기록한다.

1963년 일본 도쿄 쇼게츠 홀 공연장.

관객들은 유럽에서 온 예술가 남준의 공연을 보기 위해 모였다. 공연이 시작되었다. 무대에 등장한 남준은 별안간 달걀을 힘껏 벽에 던졌다. 달걀들은 벽에 닿자 퍽 소리를 내며 터졌다. 하얀 벽에 끈적끈적한 노른자와 흰자가 흘러내렸다. 달걀을 깬 뒤, 남준은 두 대의 피아노를 연주(?)하기 시작했다. 왼손으로는 아무렇게나 건반을 두들기면서 오른쪽 피아노를 갈고리 등의 기구로 괴롭혔다. 간간이 베토벤의 〈소녀의 기도〉와 같은 귀에 익은 소절이 들렸지만 대체로 소음이었다.

"지금 피아노 연주한 거 맞아?"

연주를 마친 남준이 대패를 꺼냈다. 새까맣게 윤기가 흐르는 피아노 몸체를 대패질하기 시작했다. 피아노 표면이 깎여 나가며 새하얀 나무 속살이 드러났다. 남준은 열심히 피아노의 껍질을 벗겨 냈다.

"아니 왜 저렇게 피아노를 못살게 구는 거야?"

피아노의 수난은 거기서 끝나지 않았다.

무대 뒤편으로 사라진 남준은 도끼를 들고 나타났다. 사람들은 조마조마한 마음으로 무대를 지켜보았다. 남준은 도끼를 쳐들고 무대 위에 세워 둔 검은 피아노를 향해 돌진하더니 거침없이 피아노에 도끼질을 해 댔다. 사람들은 놀라서 몸을 등받이에 바짝 붙였다. 검은색, 흰색 건반들이 튀어 올랐다. 피아노는 점점 처참한 몰골로 변해 갔다. 도끼질을 마친 남준은 이마의 땀을 닦았다. 사람들은 무대 위에 서 있는 불쌍한 피아노를 바라보았다. 남준은 피아노로 다가갔다.

'쾅!'

피아노는 굉음을 내며 쓰러졌다. 바닥에 나무 조각, 쇳조각이 흩어졌다. 사람들은 얼떨떨한 얼굴로 무대를 지켜보았다. "저게 뭐 하는 짓일까?" 수군거렸다.

피아노 연주(?)가 끝나자, 남준은 바닥에 흰 종이를 깔았다. 남준은 먹물이 담긴 대야를 가져왔다. 두 손으로 대야를 잡고 머리를 처박았다. 고개를 쳐들자 머리카락에서 먹물이 뚝뚝 떨어졌다. 얼굴에 먹물이 줄줄 흘러내렸다. 남준은 흰 종이 앞에 무릎을 꿇더니 고개를 숙였다. 그가 머리를 움직일 때마다 종이 위에 구불구불 선이 그어졌다. 머리카락이 붓이었다.

먹물 범벅인 얼굴로 남준은 고개를 들었다. 사람들을 둘러보더니 신었던 가죽 구두를 벗었다.

"또 뭘 하려는 걸까."

남준은 구두에 물을 따르더니 단숨에 마셔 버렸다. 사람들은 입을 틀어막았다. 물까지 마신 그는 순식간에 무대 뒤로 사라졌다. 관객들은 어찌해야 할 바를 모르고 자리를 지켰다. 침묵이 이어졌다. 10여 분이 지났다. 관객들이 웅성거렸다. 그때 어디선가 날카로운 전화벨 소리가 들렸다.

"공연은 끝났습니다."

공연장 밖에서 걸려 온 남준의 전화였다. 관객들은 어리벙벙한 얼굴로 자리에서 일어났다.

이게 도대체 뭔가? 피아노 연주를 보러 왔는데, 피아노를 부수다니? 짓궂은 아이의 장난질 같았다. 이런 것도 예술이라고 할 수 있을까?

"예술은 사기입니다."

1984년 인터뷰에서 남준은 말했다.

"사기 중에서도 고등 사기입니다. 대중을 얼떨떨하게 만드는 것이 예술입니다. 엉터리와 진짜는 누구에 의해서도 구별되지요. 내가 30년 가까이 해외에서 갖가지 해프닝을 벌였을 때 대중들은 미친 짓이라고 웃거나, 난해하다는 표정을 지었을지도 모릅니다. 하지만 그것의 진실을 꿰뚫어 보는 눈이 있었습니다."

예술이 별거냐. 그럴듯한 거짓말일지도 모른다. 남준은 예술로 폼을 잡거나 예술이 대단한 것이라고 포장하는 걸 싫어했다.

남준은 자기 예술을 '쇼'라고 했다. 구경거리다. 같이 놀자는 거다. 아이가 신기한 장난감을 가지고 다른 아이들에게 함께 놀자는 거다.

"예술은 지루한 삶을 맛나게 하는 양념이지."

소머리, 기구, 도끼로 피아노 부수기, 머리털로 그림 그리기는 평소에 보기 힘든 볼거리다. 일상에 익숙해진 사람들은 뭐든 흘러 보기 마련이다.

"매일 보는 풍경인데 뭐."

"그게 그거지."

심드렁하게 지나친다. 하지만 남다른 볼거리 앞에서는 걸음을 멈춘다. '저건 뭐지?'라고 생각하게 된다. 도대체 왜 저런 짓을 하는 건가?

피아노는 소중히 다뤄져야 할 악기다. 피아노란 물건이 중요한가, 거기서 나는 소리가 중요한가. 건반 말고 피아노가 소리를 내게 하는 방법은 없을까. 피아노가 부서질 때 나는 소리도 연주 아닐까. 아니, 이런 소음 자체가 음악은 아닐까. 사람의 몸이 미술 도구가 될 수는 없을까? 텔레비전 영상은 방송국에서 만든다. 시청자는 지켜보기만 해야 한다. 시청자가 텔레비전 화면을 만들 수는 없을까?

남준은 이런 질문들을 던졌고, 그에 대한 답을 예술 작품으로 만들었다. 그의 생은 부단히 경계를 넘어갔다. 젊은 시절 그는 작곡가였고, 행위 예술을 하다가, 비디오 아트에서 인공위성 예술, 레이저 예술까지 나아갔다. 남준은 20세기 초입에 "30세기에 무슨 일이 일어날까?"를 궁금해하던 예술가였다.

큰 대문 집 막내아들

어우 누나, 애개 누나

남준은 1932년 7월 20일 서울 종로구 서린동에서 태어났다.

같은 날 독일 국민들은 히틀러 암살을 시도했다. 7월 20일에 재클린 케네디 오나시스가 태어났고, 미국 우주 비행사가 처음으로 달에 착륙했다며, 남준은 자기 생일이 역사적인 날이라고 말했다.

남준의 아버지 백낙승은 해방 후 최대의 섬유업체 사장이자 홍콩을 오가는 무역상이었다. 할아버지는 조선 시대 벼슬아치들이 입는 옷을 도맡았던 큰 포목상 주인이었다. 종로 5가와 동대문 일대 포목상의 절반을 운영했다고 한다.

어머니 조종희는 장난기가 있는 분이었다. 처녀 시절 어머니는 자매들과 심심풀이로 남장을 했다. 하고 보니 그럴싸하여 기념사진이라도 찍어 두고 싶었다. 어머니는 집 앞 사진관으로 향했다. 남장을 한 모습을 사진으로 찍어 두었다. 사진관 주인은 재미있는 사진이라며 쇼윈도에 진열했다. 남들이 보면 어쩔까, 하는 마음에 어머니는 한동안 집 밖으로 나가지 못했다.

남준의 집은 동네에서 부잣집으로 유명했다. '호랑이 담배 피우는 집' 옆으로 들어가면 골목이 하나 나왔다. 그 골목 끝 집이 남준네 집이었다. 커다란 솟을대문 때문에, '큰 대문 집'이란 별명이 붙었다. 남준은 큰 대문 집 3남 2녀 중 막내였다.

큰누나는 남준보다 열다섯 살 많았고, 작은누나는 열 살 위였다. 남준은 터울이 많이 지는 누나들을 엄마처럼 따르고 응석을 부렸다. 남준은 큰누나를 '어우 누나', 작은누나를 '애개 누나'라고 불렀다.

"왜 그런 별명을 붙인 거야?"

"큰 걸 보면 '어우 크다'라고 하고, 작은 걸 보고는 '애개 작다'라고 하니까."

누나들은 빙긋이 웃었다. 누나들도 터울이 많이 지는 막내 동생을 귀여워했다.

여학교에 다니던 어우 누나는 털실로 남준의 바지를 짜 주었다. 남준은 신나서 털실 뜨개 바지를 입고 놀러 나갔다. 집에 돌아온 남준을 보고 누나는 얼굴이 하얘졌다. 남준의 몰골이 말이 아니었다. 바지가 숭덩 잘려 무릎 아래가 드러났다.

"누구야! 누가 이런 짓을 했어?"

누나는 누군가 남준을 괴롭혔다고 생각했다. 남준은 몸을 비비 꼬더니 이렇게 말했다.

"내가 잘랐어."

"네가? 왜?"

"가위로 자르면 어떻게 되는지 궁금해서."

가위로 자르면 털실이 어떻게 풀리는지 보고 싶었다는 것이다. 살짝만 가위질을 해도 털실은 돌돌 풀려 나가니, 종국엔 무릎 아래가 몽땅 사라졌다.

어우 누나는 어이가 없었다. 열심히 짜 준 바지가 망가진 것도 속상했고, 동생의 철부지 행동에 화가 났다. 어우 누나는 남준의 뺨을 때렸다. 때리고 나서 자기가 깜짝 놀랐다. 남준의 눈이 그렁그렁해졌다. 어우 누나는 미안해 어쩔 줄을 몰랐다. 동생을 덥석 끌어안고 뺨을 어루만져 주었다. 아프지, 미안해, 라는 누나의 말에 남준은 뒤통수를 긁적거렸다.

"아프진 않은데…… 미안해서요."

어린 시절 남준은 말이 없고 호기심이 많은 아이였다. 친구들과 어울려 놀기도 했지만, 방 안에 틀어박혀 책을 읽거나 공상하는 걸 좋아했다. 그 시절 아이들이 제일 좋아한 놀이는 전차 레일 위에 맥

주병 마개를 올려놓기였다. 전차가 지나가면 마개는 납작해지거나 찌그러졌다. 남준은 그런 놀이에 끼는 대신, 방에 틀어박혀 책을 읽었다. 독서광이라서 뭐든 읽는 걸 좋아했다. 어른들이 보는 신문도 찾아보았다.

어머니는 그런 남준이 걱정스러웠다. 다른 아이들처럼 밖에서 노는 게 아니라 방에 틀어박혀 책만 읽어 대니, 막내는 커서 뭐가 되려나.

어머니는 걱정 끝에 점쟁이까지 찾아갔다. 외출에서 돌아온 어머니의 얼굴엔 그늘이 졌다. 어우 누나가 무슨 일이냐고 물었다.

"사주팔자를 보니, 우리 남준이가 동서남북을 떠돈단다."

어우 누나는 점쟁이 말에 뭐 그렇게 신경을 쓰냐고 말했다. 하지만 사실 점쟁이의 말마따나, 남준은 훗날 전 세계를 돌아다니며 예술 세계를 펼치게 된다.

"잘되면 아주 크게 되지만, 늦되면 장가도 못 들고 아주 늦게야 색시를 얻는대요. 그렇게 헤매 다니다가 따끈한 밥도 못 먹고 어느 집 처마 밑에서 죽는 건 아닌지……."

어머니는 한숨을 쉬었다.

"그럼, 일찌감치 장가를 보내지."

"누구랑?"

"경희."

“경희랑? 둘이 유치원생인데?”

남준의 단짝 친구는 같은 유치원에 다니던 경희였다. 경희는 종종 그림책을 보러 남준의 집에 놀러 오곤 했다. 어머니는 경희가 오면 울긋불긋 그림이 그려진 다락문을 열고 깨엿, 강정, 귤 같은 주전부리를 꺼내 주었다.

하지만 남준은 친구를 본체만체했다. 누나와 엄마의 이야기를 들었기에 경희만 보면 쑥스러워했다. 부러 책만 들여다보았다. 하지만 남준은 경희가 올 때쯤 책장에서 그림책을 뽑아 바닥에 깔아 두었다. 경희가 좋아하는 그림책들이었다. 새로운 그림책이 있으면 슬며시 펼쳐 두기도 했다. 둘은 한방에서 말없이 책을 읽곤 했다.

남준의 집에는 뒷동산이 있었다. 부모님이 놀이터로 꾸며 준 동산이었다. 철봉과 놀이기구도 있었다. 날이 좋으면 남준과 경희는 뒷동산으로 나갔다. 둘은 돌로 만든 벤치에 나란히 앉아 책을 읽곤 했다. 봄이면 뒷동산에는 벚꽃이 활짝 폈다. 저녁 무렵 전등이 켜지면 꽃잎들은 불빛을 받아 하얗게 빛났다. 벚꽃이 진 자리에 버찌가 열렸고, 둘은 입술이 파래지도록 버찌를 따 먹었다.

“꼭꼭 숨어라.”

남준이 술래였다. 경희는 뒷마당 창고로 숨으러 갔다. 비명 소리에 남준이 눈을 번쩍 떴다. 남준은 허겁지겁 경희를 찾아 나섰다. 경희는 손으로 이마를 짚고 창고에서 나왔다.

"저기 양철 지붕 아래 숨었다가……. 아야."

경희의 이마에서 흐르는 피를 보고 남준은 뒤로 물러섰다. 귀신을 본 것 같은 표정이었다. 눈은 커다래졌고 얼굴은 하얗게 질렸다.

"경…… 경희…… 너, 너."

얼마나 놀랐는지 말도 제대로 못했다. 그제야 경희는 이마에 댄 손을 떼어 냈다. 손바닥을 들여다보았다. 피가 묻어 있었다. 울고 싶었다. 이마가 쓰라렸다. 하지만 놀란 남준을 보니 울지도 못했다.

"괜찮아. 하나도 안 아파."

되레 경희가 남준을 달래야 했다.

경희와 남준은 명동 성당 앞의 유치원에 다녔다. 간혹 남준은 자동차를 타고 유치원에 갔다.

"와! 자동차다!"

아이들이 우르르 몰려나왔다. 서울에 차가 몇 대 없던 시절이었다. 아이들은 차를 구경하고 백미러에 얼굴을 비쳐 보았다. 문이 열리고 남준이 내렸다. 하얀 얼굴에 좋은 옷을 입고 상고머리를 하고 나타난 남준은 그림책 속 왕자님 같았다.

차를 타지 않는 날엔 남준은 경희와 전차를 탔다. 경희의 아버지는 전기 회사에 다녔고, 경희는 아버지가 준 전차 패스를 목에 걸고 다녔다. 동그란 나무로 된 전차 패스만 보여 주면 전차를 공짜로 탈 수 있었다. 경희는 검표원에게 전차 패스를 보여 주고 올라탔다. 하

지만 남준은 전차표를 사야만 했다. 남준은 경희의 전차 패스를 힐
끔거렸다.

‘땡땡~.’

전차가 움직였다. 둘은 나란히 앉아 창밖을 내다보았다. 서울의
풍경이 흔들흔들 지나갔다. 인력거도 보이고 소가 지나갔다. 둘은
바깥 구경을 하느라 정신이 없었다. 다행히 내려야 할 정거장이 종
점이었다. 전차가 멈추면 차장은 소리쳤다.

“니들, 안 내리냐? 동대문 종점인데.”

둘은 허둥지둥 전차에서 내려섰다. 그렇게 둘은 유치원 시절 내
내 신발 한 켤레처럼 붙어 다녔다.

가을이 되고, 유치원 운동회가 시작되었다. 선생님은 운동장 가
운데 밤을 널찍하게 펼쳐 놓았다. 아이들은 소꿉놀이 양동이를 들
고 호루라기 소리가 들리기만을 기다렸다.

‘삐익!’

호루라기 소리가 들리고 밤 줍기 대회가 시작되었다. 아이들은
잽싸게 밤을 향해 뛰어갔다. 한 손에 소꿉놀이 양동이를 든 남준도
뒤를 따랐다. 아이들은 정신없이 밤을 주워 담았다. 남준도 밤을 줍
고 싶었다. 두리번거리다 아이들 틈으로 파고들었다. 저기 토실토
실한 밤이 보였다. 남준은 손을 뻗었다. 누군가 잽싸게 집어 갔다.
조그만 밤이 보였다. 몸을 돌려 손을 뻗었지만 누군가 금세 주워 가

버렸다.

　호루라기 소리가 들렸다.

　밤 줍기 대회가 끝났다. 양동이 가득 밤을 주운 아이들은 환호성을 질렀다. 남준은 자기 양동이를 들여다보았다. 밤 몇 톨이 바닥에서 뒹군다. 남준은 훌쩍거리기 시작했다. 경희가 달래도 한참을 울었다. 남준은 유치원을 졸업하고 경희와 다른 초등학교에 가야 했다. 그때도 남준은 눈물을 뚝뚝 흘렸다.

발명가 책벌레

남준이 수송 초등학교에 다닐 때 담임 선생님이 숙제를 냈다.

"다음 주까지 발명품을 하나씩 만들어 오세요."

집에 돌아오는 길에 사촌인 옥희가 툴툴거렸다.

"우리나라엔 없는 게 없이 다 있잖아. 뭘 새로 발명하라고."

초등학생이 어떻게 발명을 하냐는 둥 발명이 뭐 필요하냐는 둥 투덜거렸다. 옥희의 발에 차인 돌이 차도로 굴러갔다. 그 옆으로 자동차가 지나갔다. 남준이 자동차를 가리켰다.

"자동차를 만들자고?"

옥희는 한숨을 쉬었다.

"자동차는 예전에 없었잖아."

남준의 말에 옥희는 고개를 끄덕였다.

"자동차가 없을 땐 자동차가 필요한 줄 몰랐지. 근데 자동차가 생기니까 편해졌잖아."

"어."

옥희는 자동차를 타고 송도에 놀러 갔던 기억을 떠올렸다.

"다리가 있는데 자동차가 뭐가 필요해 했지만, 막상 생기니까 좋잖아."

"하긴."

"만들 게 없는 게 아니야. 아직 안 만들어 봐서 모르는 것뿐이지."

훗날 누군가 남준에게 전위 예술을 왜 하느냐고 물었다. 보통 사람들에게 전위 예술은 어렵기만 했다. '전위 예술'이란 말은 '아방가르드'라는 군사 용어에서 나왔다. 적진으로 공격할 때 맨 앞에서 돌격하는 부대를 뜻했다. 전위 예술가들은 남들보다 앞선, 남들이 하지 않는 예술을 시도했다. 원래 있던 예술을 부정하고 새로운 변화를 꾀했기에 기존 예술에 익숙한 사람들에게는 난해하기만 했다. 남들이 보기에 어렵고 실험적인 예술이 뭐에 쓸모가 있을까.

그때 남준은 옥희와의 이야기를 떠올렸다. 남준은 전위 예술이 발명과 같은 것이라고 했다.

"지금 당장은 전위 예술이 이상하고 쓸모가 없어 보이지만, 언젠가는 그 가치가 인정될 겁니다. 언젠가는 사람들이 전위 예술도 있는 편이 더 낫다며 좋아할지도 모르죠."

발로 걷던 사람들이 자동차의 쓰임새를 알게 되듯 말이다. 사람들은 낯선 것을 보면 처음엔 두려워한다. 기차가 처음 등장했을 때 사람들은 굉음을 내는 철 괴물이라고 질겁했다. 하지만 시간이 지나자 기차는 생활에 꼭 필요한 물건이 되었다. 전위 예술도 처음엔 어렵고 낯설어 보이지만 시간이 지나면 가치가 인정될 거라는 것이다.

며칠 동안 남준은 방에 틀어박혀 이런저런 발명품들을 만들었다. 원래 남준은 손으로 뭔가 만들기를 좋아했다. 모형 비행기도 만들고 라디오도 가지고 놀았다. 제 손으로 만든 모형 비행기가 날아가는 걸 보면 기뻐했고, 라디오를 뜯어 내부를 들여다보며 어떻게 소리가 나는지 연구했다.

호기심이 많으니 신기한 구경거리를 놓치지 않았다. 어머니를 졸라 문밖으로 나섰다. 서울 운동장 옆의 훈련원에서 하는 스모 경기를 보러 갔다. 을지로 6가에서는 종종 서커스가 열렸다. 줄타기를 하는 사람들, 강아지들의 곡예, 인간 대포를 보며 남준은 넋이 나갔다. 영화관 단골손님이었으며, 과학관에서는 우리나라 금속 활자가 구텐베르크보다 200년 앞선다는 것도 알았다. 새로운 볼거리들은 남준의 상상력을 자극했다.

중학생이 되어서도 남준은 여전히 책을 놓지 않았다. 학교에 가는 것보다 방에서 책을 보는 걸 좋아했다. 비가 오면 학교에 안 가고, 바람이 불어도 학교에 안 간다는 남준을 보고 누나들은 놀려 댔다.

"너는 종이로 만든 애냐? 왜 비가 온다고 학교엘 안 가?"

남준은 『잇큐』란 책에 빠져들었다. 사촌에게도 그 책을 읽어 보라고 권했다. 책의 주인공인 잇큐는 일본에서 존경을 받는 승려였다. 그는 여러 가지 일화로 유명했다.

어린 시절 잇큐는 실수로 스승이 아끼던 골동품 찻잔을 깼다. 저녁에 돌아온 스승에게 잇큐는, "스님, 사람은 왜 죽어야 합니까?"라고 자못 심각하게 물었다. 스승은, "자연에 태어난 건 다 섭리대로 죽게 되어 있다"라고 대답해 주었다. 그러자 잇큐는 빙긋 웃으며 깨진 찻잔을 내밀었다.

"스님, 이 찻잔이 죽을 때가 되었나 봅니다."

잇큐가 유명해지고 나서, 누군가 잇큐에게 말(馬) 그림을 내밀었다. 유명 화가에게서 산 비싼 그림이라고 했다.

"스님, 그림 밑에 한마디만 적어 주십쇼."

잇큐는 붓을 들고 그림 아래에다 썼다.

"말인 것 같다."

그림 주인의 얼굴이 어두워졌다. 그는 다른 승려를 찾아가서 글을 고쳐 달라고 청했다. 그 승려는 그림을 보더니 붓을 들었다. 그리고 잇큐의 글 아래 한마디 덧붙였다.

"그런 것 같다."

『잇큐』에는 잇큐가 절에 먹칠을 한 이야기가 등장한다. 그는 붓으로 절의 맨 위에서 아래까지 굵게 먹칠을 했다. 훗날 남준은 〈머리를 위한 선(禪)〉이란 공연에서 머리카락에 먹물을 묻히고 광목에 글자를 썼다.

잇큐는 자유분방하고 허식과 위선을 싫어한 사람이었다. 중학생 남준은 잇큐처럼 자유분방한 예술가로 살기를 꿈꿨는지도 모른다. 남준은 초등학교 때 전 과목 10점 만점을 받고 1등으로 졸업하여 천재로 이름을 떨쳤다고 한다. 중학교 때에도 공부를 잘했는데, 특히 물리와 수학 점수가 뛰어났다. 하지만 이 우등생은 콧물을 자주 흘렸고, 교복 양쪽 소매는 늘 콧물로 반들반들했다. 우등생이 모범생은 아니었다.

남준은 학교에서는 아주 조용하고 내성적인 아이였다. 말수도 적고 차림새도 추레하니, 반 아이들은 남준이 부잣집 아들인 걸 몰랐다고 한다. 어느 날 학교가 끝나고 아이들이 집에 가는데 갑자기 비가 내렸다. 우산을 가져오지 않은 친구가 발을 동동 굴렀다. 남준이 옆으로 다가가 귀엣말을 했다.

"우리 차로 같이 갈래?"

"차?"

친구는 남준이 뭔 소리를 하는지 몰랐다. 일단 따라가 봤다. 교문

밖에 차 한 대가 서 있었다.

"집까지 태워다 줄게."

"이거, 니네 집 차야?"

보통 때는 차를 타고 다니지 않는데, 그날은 갑자기 비가 오니까 집에서 차를 보냈던 것이다. 그런 일이 있고서야 친구들은 남준이 부잣집 아이라는 걸 알았다고 한다.

어깨너머로 피아노를

문밖에서 피아노 소리가 들렸다.

문이 살그머니 열렸다. 남준은 까치발로 응접실로 나갔다. 피아노 소리를 따라갔다. 남준은 소파 뒤에 몸을 숨기고 귀를 쫑긋 세웠다. 손가락이 꿈지럭거렸다. 피아노를 치고 싶다.

어우 누나의 레슨이 끝나자 남준은 피아노로 다가가 악보를 들췄다. 의자에 앉아 혼자 건반을 두드렸다. 아무리 두드려도 누나가 냈던 소리가 안 나왔다.

어우 누나는 어깨너머로만 배우는 남준이 안쓰러웠다. 친구에게 남준의 레슨을 부탁했다. 일본에서 음악 공부를 하고 돌아온 신재덕 선생님이 남준을 가르쳤다. 실력이 쑥쑥 향상되었다. 그런데 어느 정도 배우자, 남준은 악보를 접고 맘대로 건반을 눌러 댔다.

"어어, 그렇게 맘대로 치면 어떡해."

선생님이 뭐래도 도통 말을 듣지 않았다. 음(音)은 맞아도 강약은 제멋대로였다. 아무리 지적해도 악보대로 하지 않고 제멋대로 음악을 만들어 냈다.

어우 누나는 마당에 쭈그리고 앉은 남준을 보았다. 손가락으로 모래흙에 금을 그어 대고 있었다.

"너, 흙바닥에서 뭐하는 거니?"

누나는 옷이 더러워진다며 일어나라고 했다. 누나는 낙서를 한다고 타박했지만, 남준은 흙에다 오선지를 그리고 한창 작곡을 하던 중이었다. 누나의 눈에 흙바닥에 그려 놓은 이상한 그림이 악보로 보일 리 없었다. 남준은 악보대로 연주하기보다는 자기 소리를 만들고 싶었다.

남준의 아버지는 아들이 피아노를 좋아하는 게 못마땅했다.

"남자가 시끄럽게 피아노를 뚱땅거리면 못써."

그리곤 남준이 피아노 근처에 얼씬거리지 못하게 했다. 아버지는 아들이 예술가가 되기보다는 사업가가 되길 원했다. 피아노는 여자아이들이 교양으로 배우는 것이었다. 아들이 음악에 관심을 갖는 것이 못마땅했다. 그 뒤로 한동안 남준은 피아노를 정식으로 배울 기회를 갖지 못했다.

남준은 경기 공립 중학교에 입학하고 나서 본격적으로 피아노를 배울 수 있었다. 예전에 레슨 선생님이었던 신재덕 선생님이 그 학교에 계셨다. 선생님은 말썽꾸러기 남준의 음악적 재능만큼은 인정해 주었다. 피아노 레슨은 물론, 작곡과 성악까지 두루 가르쳐 주었다.

1946년 남준은 인생에 결정적인 영향을 끼친 사람을 만났다. 경기 중학교 음악 교사인 이건우였다. 그는 "봄이 왔네. 봄이 왔네. 무궁화 강산에 봄이 왔네"란 〈여명의 노래〉를 작곡한 유명 음악가였다. 강원도 삼척에서 농부의 아들로 태어난 이건우는 보통학교 시절부터 음악가가 될 꿈을 품었다. 춘천에서 학교를 다니며 모든 정열을 음악에 바쳤다. 졸업 후 도쿄로 유학하여 바이올린과를 다니며 작곡을 공부했다. 실력 있는 작곡가로 주목받던 그는 해방 후 서울에 올라와 경기 중학교 음악 교사로 일하다 남준을 가르치게 된 것이다. 한국전쟁 때 월북하여 북에서 생을 마감한 그는, 감수성 강한 중학생인 남준에게 음악의 아름다움을 가르쳐 주었다. 이건우 선생님에게 지도를 받으며 남준은 작곡까지 하였다. 「향수(鄕愁)」란 시에 곡을 붙였다.

무엇보다 남준은 이건우 선생님을 통해 쇤베르크를 알게 된다. 오스트리아 작곡가 쇤베르크는 현대 음악의 아버지로 불린다. 은행원이었던 쇤베르크는 혼자서 음악을 공부했고, 스물다섯 살 때 만든 〈정화된 밤〉이란 작품으로 천재성을 드러냈다.

쉰베르크는 기존 음악과 영판 다른 음악을 작곡했다. '도레미파 솔라시' 7개 음을 중심으로 화음을 곁들이는 조성 음악 대신, '12음 기법'을 도입했다. 조성 음악은 우리가 태어나서 듣는 거의 모든 음악들에 해당된다. 하지만 쉰베르크는 조성 음악만으로는 표현에 한계가 있다고 생각했다. 조성 음악은 항상 비슷한 음정과 화음만 만들어 낸다. '12음'을 동등하게 사용하면 이전에 없던 새로운 화음이 가능하다. 전통적인 음계와 음 조직, 화음은 낡은 것이 되고 새로운 표현의 가능성이 열린 것이다.

쉰베르크는 음악에 혁명을 일으킨 사람이었다. 하지만 처음엔 이해받지 못했다.

"이건 완전히 불협화음이잖아!"

기존의 음악에 익숙한 사람들에게 쉰베르크의 음악은 소음에 가까웠다. 연주를 듣던 청중들이 난동을 일으킨 일도 있다고 한다.

쉰베르크의 12음 기법은 난해하기 짝이 없었다. 어른들도 이해하기 어려웠다. 중학생 남준은 머리를 싸맸다. 하지만 열성으로 가르치는 이건우 선생님 덕분에, 남준은 점차 쉰베르크에 빠져들었다.

남준은 어떻게든 쉰베르크의 음반을 사서 듣고 싶었다. 하지만 구하기가 만만치 않았다. 레코드 가게마다 수소문하고 3년을 기다려서 겨우 손에 넣었다. 제2차 세계 대전 직전에 일본에서 생산된,

우리나라에 딱 한 장밖에 없는 음반이었다. 축음기에 레코드를 걸고 하루에도 몇 번씩 반복해서 들었다. 쇤베르크를 들으며, 남준은 쇤베르크 연구가가 될 것을 꿈꿨다.

쇤베르크는 어린 남준에게 막대한 영향을 끼쳤다. 쇤베르크는 전통 음악에 맞섰다. 저항했다. 어린 남준에게 쇤베르크는 그냥 음악가가 아니었다. 기존에 있던 음악과 영판 다른 소리를 만들어 낸 사람이었다. 쇤베르크의 반항적이고 진취적인 정신에 남준은 큰 깨달음을 얻게 된다.

"예술은 그전에 없던 뭔가를 만들어 내는 일이다."

어떤 의미에서 남준의 예술 작업은 쇤베르크의 음악을 들었던 열다섯 살 때부터 시작된 것이다.

어머니의 파인애플

"홍콩에 가자고요?"

아버지의 말에 남준은 눈이 휘둥그레졌다.

"너는 날 따라다니며 통역을 해라."

1949년 이승만 정부는 남준의 아버지에게 홍콩으로 가서 인삼 수출을 도맡으라 했다. 외화 한 푼이 아쉬운 상황에서, 외화를 버는 데 인삼만 한 것이 없었다. 정부에서는 타고난 장사꾼인 남준의 아버지에게 이 일을 맡겼던 것이다.

"한시라도 빨리 나가야 한다."

남준은 아버지의 느닷없는 제안에 어리둥절했다. 아버지가 굳이 남준을 데리고 나가려고 한 것은, 중학생인 남준이 마르크스 사상에 관심을 많이 가졌기 때문이었다. 남준은 월북 시인들의 시를 즐겨 읽었고, 그 시에 곡을 붙이기도 했다. 사회주의 계열의 책을 읽는 독서회에도 열심히 나가다, 우익 단체의 아이들에게 끌려가 매를 맞기도 했다. 사업가인 아버지는 똑똑한 막내아들이 사업을 이어 주길 바랐다. 그러니 남준을 학교에서 떨어뜨려 놓고 싶었던 것이다.

한국 사람들이 외국에 나가는 게 쉽지 않던 시절이었다. 십 대 청소년이 외국을 여행하는 건 파격적인 일이었다. 아버지 백낙승의 여권 번호는 6번, 아들 백남준은 7번이었다.

1949년 11월, 남준은 오리엔트 에어라인 소속의 DC4호에 올라탔다. 입술이 빨갛고 금발인 승무원들이 통로를 지나다녔다. 남준은 신기해 어쩔 줄을 몰랐다. 할리우드 영화 속에서나 보던 사람들이 실제로 움직인다.

비행기가 이륙하고 웬 인도인이 다가와 아버지에게 농담을 건넸다. 아버지는 남준에게 통역을 부탁했다. 인도인은 뭔가 심각한 표정으로 이야기를 시작했다. 당황한 나머지 남준은 앞뒤가 맞지 않는 엉터리 통역을 했다. 알고 보니 그 인도인은 무기상이었다.

남준은 아버지가 무기를 구하기 위해 홍콩에 왔다는 걸 알게 되었다. 홍콩에서 만난 사람은 싱가포르에서 온 김 아무개라는 사람이었다. 그의 짐 속에는 체코에서 만든 자동 소총 5만 정 등 무기가 가득했다. 아버지는 인삼 무역 때문에 출장을 왔다지만, 실제로는 한국에 무기를 들여오는 일을 맡고 있었던 것이다.

남준은 아버지가 사업을 위해 태연히 거짓말을 하는 것을 지켜보았다. 아버지는 아들에게 사업가가 되라고 했다. 남준은 사업을 하려면 자신도 아버지처럼 행동해야 한다는 걸 알았다. 남준의 마음이 사업가가 되는 데서 조금씩 멀어져 갔다. 사업가인 아버지로서는 예술가 기질이 풍부한 아들이 마뜩치 않았다. 늦잠을 자고 공상하길 좋아하는 아들의 모습이 달가울 리 없었다. 사업으로 바쁜 아버지와 남준이 이야기를 나눈 시간은 평생 합쳐 한 시간도 되지 않았다고 한다.

아버지는 한국으로 돌아가고, 남준은 홍콩에 남아 영국계 고등학교 로이덴 스쿨에 다녔다. 남준은 한국이 문화적으로 수준이 높은 나라임을 알게 되었다. 서울엔 심포니 오케스트라가 세 개나 있는데, 홍콩엔 하나밖에 없었다. 홍콩 오케스트라의 연주 실력은 우리나라 중학교 브라스 밴드 정도의 수준이었다. 홍콩에서 학교를 다니며 남준은 중국어를 공부하고 중국 철학에 관심을 가졌다. 훗날그는 중국어 책을 일부 영어로 번역하고, 자신의 책에 담기도 했다.

이듬해인 1950년에 남준은 아버지와 조카 백일잔치를 보러 한국으로 돌아갔다. 남준의 귀국과 함께 한국전쟁이 터졌다. 어서 빨리 피난을 가야만 했다. 북한군이 물밀듯이 들어오는 긴박한 상황이었다. 식구들은 아버지의 지시에 따라 피난 보따리를 꾸렸다.

남준은 방에 들어가 가방을 열었다. 방 안을 둘러봤다. 밖에선 난리가 났는데, 뭐부터 챙겨야 할지 가늠이 되지 않았다. 남준은 책꽂이에 있던 불어 사전을 집어 들었다.

"그래, 불어 사전부터 챙기자."

한참 불어 공부에 재미를 붙이던 차였다. 남준은 불어 사전을 챙기고 우왕좌왕했다. 또 뭘 가져가야 하지?

밖에서 어머니의 목소리가 들렸다.

"남준아."

남준은 가방을 메고 안방으로 갔다.

"얼른 와서 이거 한입만 먹고 가라."

"뭘요?"

어머니는 남준을 앉히더니 다락문을 열었다. 한참을 부스럭거리던 어머니는 종이에 싸 둔 물건을 꺼냈다. 종이를 풀자 이상하게 생긴 열매가 모습을 드러냈다.

"이게 과일이라고요?"

남준은 생전 처음 본 과일을 보고 고개를 갸웃거렸다.

"파인애플이라더라."

그때 파인애플은 한국에선 이름조차 생소한 과일이었다. 난리통에 이런 신기한 과일이 있었다니 이상한 일이었다. 밖에서는 피난을 가자고 난리가 났는데, 어머니는 낑낑거리며 과일을 깎았다. 파인애플은 손질하기 만만한 과일이 아니다. 이파리를 떼어 내고 두꺼운 껍질을 발라내자 겨우 노란 속살이 나타났다. 어머니는 파인애플 토막을 남준에게 건네주었다.

"어서 먹어. 이거라도 먹고 가야지."

남준은 파인애플을 우물거렸다. 달달한 즙이 입가로 흘러내렸다. 어머니는 파인애플 조각을 연신 건네주었다. 어머니는 떠나는 남준에게 마지막으로 파인애플을 깎아 먹이고 싶었다. 전쟁이 터졌다. 가족들은 피난을 간다. 피난길에 무슨 일이 생길지 모른다. 어머니는 그 전에 아들에게 맛있는 것을 먹여 주고 싶었던 것이다.

남준의 가족은 부산으로 향했다. 1950년 7월 27일 형들과 배를 타고 고베로 향했다. 일본의 수도 도쿄가 목적지였다. 도쿄 근처에 는 사업 때문에 일본을 오가던 아버지가 마련해 둔 집이 있었다. 남준은 그 집에 머물며 입시 공부를 시작했다. 타지에서 다른 나라 대학에 들어가는 건 만만치 않은 일이었다. 남준은 도쿄 대학에 가서 작곡을 배우고 싶었다. 일본 사람들도 가기 힘든 학교였다. 한 차례 낙방을 했다. 그래도 중학교 때 수학과 물리학 성적이 높았던 것이 보탬이 되었다. 2년 동안 공부한 끝에 남준은 도쿄 대학에 합격했다.

작곡 공부를 하다

1951년 남준은 도쿄 대학 교양학부 문과에 입학했다.

남준의 입학 소식에 가족들은 기뻐했지만, 아버지는 크게 실망했다. 남준이 상과 대학에 가길 원했던 것이다.

입학금을 내러 간 대학 사무실에서도 비슷한 소리를 들었다. 남준의 입학 점수가 높은 걸 보고, 교직원은 다시 한 번 생각해 보라고 권했다.

"자네 성적 정도면 법학과나 경제학과에도 갈 수 있는데, 왜 돈벌이도 안 되는 미학과에 가려 하나."

하지만 남준은 작곡가가 되기로 결심했던 터였다. 중학 시절에 접했던 전위 음악, 특히 쇤베르크의 음악 세계를 공부하고 싶었다.

처음 2년간은 전공이 정해지질 않았다. 남준은 2학년 때는 드뷔시에 대한 논문을 썼고, 이 논문은 교내 잡지에 수록되었다. 음악 서적과 철학 서적을 끼고 다니는 남준은 도쿄 대학 재학 시절 총명한 학생으로 유명했다. 3학년 때 미학과 미술사를 전공으로 정하고 본격적으로 공부하기 시작했다.

남준은 평소에 존경하던 시라이시 아키오 교수에게 음악사를 배웠다. 그는 일본 사회에서 드문 기독교인인 데다 한국의 독립 운동을 지원했던 평화주의자였다.

1950년대에 도쿄 대학에는 한국 학생이 드물었다. 남준은 나가시마라는 일본인 친구와 선배인 음악 전공자 이현웅과 어울렸다. 이현웅은 재능이 뛰어난 친구였지만, 집안 사정으로 학비와 생활비가 늘 모자랐다. 남준은 그에게 생활비를 주고 맛있는 것도 함께 먹었다.

20대 청년 남준에게 사랑이 찾아왔다. 같은 대학 불문과 학생 시부사와 미치코만 보면 남준의 얼굴이 붉어졌다. 시선이 자꾸 미치코의 뒷모습만 따라다녔다. 미치코는 똑똑하고 인형처럼 예뻤다. 하지만 남준은 어떻게 자기 마음을 고백해야 할지 몰랐다.

대학 시절에도 백남준은 말수가 적고 수줍음이 많은 청년이었다. 하지만 좋아하는 미치코에게 어떻게든 마음을 전하고 싶었다. 그렇다고 냉큼 고백하지도 못했다. 끙끙 앓던 남준은 음악회 표를 두 장 샀다. 남준은 봉투를 들고 미치코가 나타나길 기다렸다. 남준은 쭈뼛거리며 미치코에게 봉투를 내밀었다.

"이게 뭐야?"

남준은 말없이 발치만 내려다보다 도망치듯 달아났다.

미치코는 봉투를 열었다. 도쿄 히비야 홀에서 열리는 음악회 티켓이었다. 그제야 미치코는 남준이 이 음악회에 함께 가자고 말하고 싶었다는 걸 알았다. 남준이 자길 좋아한다는 것은 예전부터 눈치채고 있었다.

하지만 미치코에게는 남자 친구가 있었다. 무대 미술을 하는 친구였다. 게다가 남준이 건넨 음악회 티켓은 여느 대학생이 살 엄두를 내지 못할 정도로 비쌌다. 미치코는 남준이 가난한 유학생이라고 생각했다. 입고 다니는 옷은 넝마에, 간혹 남준이 점심 값을 빌리러 다니는 걸 보기도 했다. 주머니 사정이 좋지 못할 텐데 자기 때문에 이렇게 비싼 티켓을 샀다는 것이 마음에 걸렸다.

'돌려줘야겠다.'

미치코는 학과 사무실로 가서 남준의 주소를 알아냈다. 그런데 뭔가 이상했다. 남준이 사는 동네는 도쿄 근교의 부자 동네로 유명한 가마쿠라였다.

'남준이 왜 이런 동네에 살지?'

미치코는 쪽지에 적힌 대로 찾아갔다. 골목에는 고급 주택들이 늘어서 있었다.

'이런 동네에 백남준이 살 리 없을 텐데.'

남준의 집에 도착한 미치코는 깜짝 놀랐다. 대문 안으로 잔디밭이 펼쳐졌고, 번듯한 이층집이 서 있었다.

'주소를 잘못 알았나.'

미치코는 초인종을 누르고 기다렸다. 잠시 후 허름한 옷차림의 남준이 허겁지겁 뛰어나왔다. 남준은 여기서 형님 식구들과 함께 산다고 했다.

미치코가 표를 돌려주러 왔다고 하자, 남준은 발치만 내려다보았다.

"같이 가면 안 될까?"

미치코가 안 된다고 하자 다시 부탁했다. 애원이 효과가 있었는지, 가난뱅인 줄 알았던 남준이 부잣집 도련님이라는 것이 신기했는지, 미치코는 남준과 함께 음악회에 갔다. 몇 번 차도 마셨다. 하지만 그녀는 결국 애인에게 돌아갔고, 남준의 사랑은 그렇게 끝이 났다.

1956년 남준은 쇤베르크에 대한 논문으로 대학 공부를 끝냈다. 중학교에 다닐 때 품었던 뜻을 이룬 것이다. 졸업 무렵, 남준은 가족들에게 파리로 유학을 가고 싶다고 말했다. 파리는 예술가들이 꿈꾸는 도시였다. 하지만 아버지가 생각하는 파리는 퇴폐적인 도시였다. 아들이 거기서 예술가 수업을 받는 걸 찬성할 리 없었다.

할 수 없이 남준은 대학원에 가서 공부하겠다고 말했다.

"파리가 아니라 독일에 갈게요."

아버지는 파리보다는 독일이 더 점잖은 도시라고 생각했다. 음악가의 길을 반대하는 아버지를 설득하려고 실기 대신 이론 공부를 하겠다고 말했다. 남준에게는 어떻게든 독일로 가는 것이 중요했다. 그때 독일은 현대 음악의 중심지로 이름을 날리고 있었다. 뮌헨 대학 대학원의 음악과 석사 과정에 지원하여 합격 통지서를 받았다. 졸업한 해, 남준은 인도의 콜카타와 이집트의 카이로를 거쳐 독일로 갔다.

1956년부터 남준은 뮌헨 대학에서 음악사를 공부했다. 게오르 기아데스에게 음악학을, 한스 제들마이어에게 미술사를 배웠다. 대학원의 공부는 이론 위주였다. 공부를 할수록 작곡을 하고 싶다는 마음이 용솟음쳤다.

어느 날 교수가 남준에게 말했다.

"자네는 차라리 창조적인 예술 활동이 어울려."

"저도 앉아서 하는 공부는 체질에 안 맞아요."

게다가 뮌헨 대학은 분위기가 보수적이었다. 자유분방한 남준의 성격에도 맞지 않았다. 남준은 준비하던 음악사 석사 논문을 중단하고 자유로운 음악 도시 프라이부르크로 떠났다.

1950년대 말 이후, 음악은 모든 예술 분야를 아우르는 매체로 각광을 받았다. 음악은 1950년대 전위 예술의 길잡이였다. 새로운 예술을 꿈꾸던 젊은이들은 음악에서 그 길을 찾고자 했다.

독일의 다름슈타트에서는 매년 여름마다 젊은 작곡가들을 위한 음악 축제가 열렸다. 이 음악 축제는 1946년에 시작되어 현재까지 계속되고 있는 음악 강좌로, 주로 작곡 이론을 공부하는 학자들과 학생들이 모여 토론하며 현대 음악의 새로운 길을 모색했다. 남준이 여기 빠질 수는 없었다.

1957년 남준은 다름슈타트에서 작곡가 카를하인츠 슈토크하우젠을 만났다. 그는 독일을 대표하는 작곡가이자 전위 음악가로 유명했다. 전자 음악의 시초부터 다양한 실험적인 음악까지 음악의 가능성을 탐구하는 사람이었다. 전통적인 클래식 음악 기법에 매이지 않고 음악의 영역을 넓혀 가는 슈토크하우젠은 남준에게 돌파구를 열어 주었다. 꼭 피아노나 바이올린 같은 악기로 곡을 만들란 법은 없다. 전자 음악은 전에 들을 수 없었던 새로운 소리를 만들어 냈다.

"악기가 아니라 전자 기계로도 음악을 만들 수 있구나."

남준은 새로운 음악을 만들고 싶었다. 하지만 아직 방법을 알지 못했다.

2장

동양에서 온 문화 테러리스트

소음도 음악이야

사람이 사람을 만든다. 만남이 일생을 좌우한다.

어떤 사람과의 만남이 한 사람의 일생을 바꿔 놓기도 한다. 남준의 일생에는 여러 번의 중요한 만남들이 있었다. 보통 예술가들은 자신에게 영향을 끼친 사람이 누구인지를 숨긴다. 하지만 남준은 자랑스럽게 말하고 다니곤 했다.

1991년 남준은 〈두 스승〉이란 작품을 만들었다. 여기에는 두 분의 스승이 등장한다. 한 사람은 남준에게 처음 피아노를 가르쳐 준 신재덕 선생님이다. 작품 한구석에는 "신재덕 선생이 양금을 탈 때 나는 침을 때때 흘리며 빽빽 꾹꾹……" 등의 익살스런 글귀가 적혀 있다.

그렇다면 다른 한 사람의 스승은 누구일까? 미국의 작곡가 존 케이지였다. 존 케이지는 남준이 예술가로 본격적인 출발을 하는 데 디딤돌이 되어 준 사람이었다. 남준은 존 케이지에 대해서는, '새장(Cage)'이란 의미를 가진 케이지를 살려 "케이지가 새장에 갇혔다(Cage caged)"라고 썼다.

남준은 1958년 다름슈타트 음악 축제에서 존 케이지를 처음 만났다. 남준이 처음부터 존 케이지에게 호감을 가진 건 아니었다.

"존 케이지의 연주회?"

포스터를 봤지만 남준은 심드렁했다. 도쿄 유학 시절부터 남준은 존 케이지란 이름을 들었었다.

"동양적 사고방식과 불교를 작품에 이용하는 작곡가?"

남준은 콧방귀를 뀌었다. 서양인이 동양에 대해 뭘 안다고 불교를 이용해? 어설프게 알고 잘난 척하는 거겠지.

"미국인이 동양이나 불교에 대해 얼마나 알겠어. 기껏해야 흉내나 내겠지."

남준은 존 케이지가 심오한 척 흉내는 내지만 실상 동양에 대해 아무것도 모르는 서양 예술가라고 생각했다. 연주회를 보러 가긴 했지만 별로 기대하지 않았다.

남준은 의자에 몸을 묻었다. 팔짱을 끼고 무대를 지켜봤다.

'그래, 미국인이 동양 사상이나 불교를 가지고 뭘 하는지 한번 봐

주겠다.'

연주회가 시작되었다. 남준의 몸이 점점 앞으로 기울었다. 한시도 눈을 떼지 못했고 잠시도 딴짓을 하지 못했다. 존 케이지의 공연은 남준을 빨아들였다. 남준은 온몸에 소름이 쫙 돋는 전율을 느꼈다.

"어땠어?"

친구의 질문에 남준은 대답했다.

"모래를 씹는 것 같았어."

'세상에 이런 소리도 있었구나. 내가 지금껏 알던 음악은 가짜일지도 몰라.'

존 케이지와의 만남은 남준의 세계를 바꾸어 놓았다. 남준은 자신이 독일 유학을 떠나지 않고 존 케이지를 만나지 않았다면, 한국에서 음대 교수가 되어 점잖게 그레고리안 성가를 가르치고 있었을지 모른다고 말했다.

남준은 케이지에게 그날의 연주회에 대해 다음과 같이 고백했다.

"나의 지난 14년 동안의 작업은 결국 다름슈타트의 어느 잊을 수 없는 저녁의 연장에 지나지 않았소."

이에 대해 존 케이지는 남준에게 다음과 같이 답했다.

"좋은 예술가에게는 스승이 따로 존재하지 않소. 예술가에게는 언젠가는 개발될 잠재력이라는 것이 있으며, 문제는 그것을 일찍 또는 늦게 개발하는 것인데, 내가 백남준에게 한 일이라고는 그의 생각을 조금 일찍 실천하게 만든 것이 고작이오."

존 케이지는 남준이 좋아한 쇤베르크의 제자이기도 했다. 쇤베르크는 제자에게 화음 공부를 하라고 했다. 존 케이지가 화음을 모른다고 하자, 스승은 그럼 음악을 하기 어려울 거라고 했다. 존 케이지는 "벽이 있다면 제 머리로 부딪쳐서라도 뚫고 나가겠습니다"라고 했다.

존 케이지의 음악이 어땠기에 남준에게 충격을 주었을까?

그의 대표작 〈4분 33초〉를 살펴보자. 이 작품은 연주가 없는 연주였다. 무대 위에 피아노가 있다. 연주자가 걸어 나온다. 사람들은 어떤 연주가 펼쳐질까 기대하며 숨을 죽인다. 그러나 피아노 앞의 연주자는 그저 앉아만 있다. 피아노 뚜껑을 열고 닫는 게 전부다.

'도대체 연주는 언제 시작하는 걸까.'

피아노 소리는 끝내 들리지 않는다. 들리는 소리라곤 관객들이 내는 부스럭거리는 소리, 연주회장 밖에서 들려오는 소리뿐이다. 처음에 사람들은 쿵쿵 소리를 내거나 침을 삼켰다. "왜 연주를 하지 않을까." 옆 사람과 귓속말을 한다. 시간이 지나면 귓속말은 중얼거림으로, 중얼거림은 소란으로 바뀐다. 연주 대신 소음이 연주회장을 채운다. 악기 대신 사람들이 소리를 내는 것이다. 존 케이지는 4분 33초 동안 연주자가 앉아서 퇴장하기까지 들리는 모든 소리가 음악이며, 그 현장이 작곡이라고 생각했다.

첫 연주회 때는 소동이 벌어졌지만, 다음부터는 사람들이 존 케이지의 의도를 알았기에 소란을 피우지 않았다. 대신 자신의 주위에서 들려오는 소리들에 귀를 기울였다. 말을 하지 않으면 소리가 들려온다. 우리 주위에 늘 소리가 있었음을 알게 된다. 보통 연주회에서 사람들은 작곡가의 작품과 연주자의 연주를 듣는다. 그저 앉아서 감상하는 것이다. 그러나 존 케이지의 연주회에서는 사람들은 주변의 소리에 귀를 기울인다. 들려오는 소리에 귀를 세우고, 무슨 소리인가를 생각한다. 점차 많은 소리들이 들려온다. 비 오는 소리, 바람 소리, 옆 사람의 딸꾹질 소리, 의자를 끄는 소리들이 오케스트라를 연주한다. 청중은 작곡가처럼 자신이 듣는 소리로 자신만의 음악을 만들어 낸다.

"귀를 기울이시오. 그대 주변의 모든 것이 음악이니. 귀 기울이는 자가 곧 작곡가이오."

존 케이지는 소음과 침묵도 음악이란 걸 알려 주었다. 소리는 언제나 우리 주위에 있다. 동양 철학에 관심이 많던 케이지는 불교 사상을 음악으로 만들고 싶었다. 불교 철학의 주된 사상은 공(空), 즉 순수한 무(無)를 찾는 것이다. 음악에서는 침묵과 정적이다. 하지만 케이지는 그런 절대적인 정적은 현실 세계에 없다는 것을 알았다. 그는 이것을 1951년 하버드 대학에서 방음이 된 방에 들어가서 깨

달았다고 한다. 방음실에서 그는 절대적인 정적을 기대했다. 하지만 귀를 곤두세우자 무슨 소리가 들렸다. 밖에서 들려오는 소리가 아니었다. 안에서 나는 소리도 아니었다. 존 케이지의 몸에서 나는 소리였다. 모든 소리가 지워진 자리로 근육이 움직이고, 피가 흐르는 소리가 들렸다. 살아 있는 사람의 몸은 소리를 낸다. 몸이 악기였다.

케이지는 어떤 편지에서 다음과 같이 적었다.

"말하자면 난 나에게 귀가 있고 들을 수 있다는 것을 점점 더 실감하게 되었다. 내 작품은 이것을 보여 주기 위한 것이다. 당신은 이것을 생의 긍정이라고 부를지도 모른다."

어디에나 소리는 있다. 그렇다면 그 소리 자체가 음악이 되는 건 아닐까. 우리는 음악회에 가면 늘 정숙할 것을 요구받는다. 악기나 가수가 내는 소리 외에는 모두 소음으로 취급당한다. 그렇지만 그 소음도 소리의 일종이 아닐까.

"어디에 있든 우리가 듣는 것은 대부분 소음이다. 우리가 그 소음을 무시하면 그것은 우리를 방해한다. 우리가 그것을 들으려고 한다면 그것을 매력적이라고 생각하게 된다."

존 케이지는 음악에 소음과 소리를 끌어들인다. 악기가 내는 소리뿐만 아니라, 우리 주변을 둘러싼 모든 소리가 음악이다. 생각의 전환이었다. 소음이 음악의 한 요소라면, 공연 때마다 들려오는 소음은 제각각이다. 공연 때마다 다른 음악이 태어난다. 공연장이 어디냐, 누가 모였느냐, 주변에서 들려오는 소리가 뭐냐에 따라 그날의 음악이 달라지는 것이다. 이럴 경우 음악은 철저히 '우연'에 기대게 된다.

보통 작곡가들은 치밀한 계획에 따라 음악을 만든다. 작곡이란 계획에 따라 주어진 음악적 재료를 배열하고 연결하여 음악을 구성해 나가는 것이다. 연주자는 악보에 따라서만 연주해야 한다. 하지만 케이지는 이런 작곡에 대한 생각 자체를 공격했다. 케이지는 예술가가 자신의 계획에 따라 움직이는 것이 아니라, 계획을 버릴 때 새로운 음악이 만들어질 수 있다고 생각했다. 인위적인 목표를 버리고, 우연에 의해 음악을 만들어 보자.

케이지는 중국의 철학서 『주역』을 작곡에 사용했다. 주역은 우연적 사건들의 질서를 찾는 책으로 점괘를 볼 때 사용되기도 한다. 케이지는 질문을 던지고 책을 펼쳐 나온 답으로 작곡을 했다. 더불어 '동전 던지기', '주사위 던지기'를 통해 작곡을 하기도 했다.

소음은 음악이다.

우연이 작곡 기법이다.

존 케이지의 음악은 남준에게 큰 충격을 주었다. 남준은 케이지에게서 음악의 무한한 가능성을 발견한 것이다.

"나는 존재하지 않는 소리를 찾고 있었다. 나의 스승은 내가 원하는 음이 음표들 사이에 있다고 말해 주었다. 그래서 나는 피아노 두 대를 사서 음이 서로 어긋나게 조율했다."

남준도 이제껏 들어 보지 못한 소리를 만들어 보고 싶었다. 하숙방에 틀어박혀 저녁부터 한밤중까지 마이크 앞에서 고래고래 소리를 질러 댔다. 옆방 사람이 벽을 두드려 댔다. 복도를 지나는 사람들은 한마디씩 했다. 싸우느냐고 묻는 사람도 있었다.

남준은 개의치 않고 목이 쉬어라 고함을 쳐 댔다.

새벽 세 시.

더 이상 견디지 못한 하숙집 주인이 남준의 방으로 뛰어 올라왔다.

"미스터 백, 당신 당장 정신 병동에 처넣어 버리겠어!"

남준은 소리를 찾아다녔다.

당시에 자연의 모든 소리를 구체적인 음으로 보고 이를 사용하는 구체 음악이 등장했다. 바이올린이나 피아노 같은 악기 이외의, 세상에 존재하는 모든 구체적인 소리가 음악의 재료였다. 구체 음악가들은 개 짖는 소리, 고양이 울음소리, 파도 소리, 자동차의 클랙슨 소리로 음악을 만들었다. 구체 음악가들은 자연의 소리를 녹음하여 결합시켜 음악을 만들어 냈다.

남준의 작품에는 9세기 한국 시와 물소리, 아기의 말 더듬는 소리, 차이콥스키 음악 등 다양한 음향이 등장한다. 남준은 자신이 찾은 소리를 모으고, 이어 붙였다. 아이 소리와 음악 소리가 이어졌다. 미술에서의 콜라주(collage) 작업과 유사했다.

콜라주는 '풀로 붙이는 것'이란 뜻으로, 처음엔 브라크와 피카소 등이 종이에 신문지나 벽지, 악보 등의 인쇄물을 풀로 붙인 데서 유래했다. 머리카락이나 실밥, 깡통, 신문 삽화나 기사를 오려 붙였다. 보는 사람들은 이런 이미지들을 보고 생각을 떠올렸다. 남준은 이런 콜라주 기법을 작곡에 활용한 것이다. 별 상관 없어 보이는 소리들을 이어 붙여 음악을 만들었다. 남준은 이때 사용한 콜라주 기법을 훗날 비디오 아트에도 활용했다. 그때는 소리와 더불어 영상들을 이어 붙였다.

남준은 프라이부르크 음악원의 포르트너 교수가 현대 음악에 관심이 많다는 걸 알았다. 남준은 교수의 연구실로 찾아갔다. 남준의 이야기를 듣고 교수는 말했다.

"작품을 보여 주시오."

"알겠습니다."

남준은 문 앞에 놓아 두었던 가방으로 향했다. 교수는 남준이 작곡한 걸 보여 주겠거니 생각했다. 도끼를 들고 돌아서는 남준을 보고 교수는 경악했다.

"학생, 뭐하는 겁니까?"

남준은 도끼를 들고 성큼성큼 피아노로 향했다. 교수가 남준의 앞을 가로막았다. 겨우 남준을 뜯어말리고, 교수는 말했다.

"당신과 나는 방향이 너무 다른 것 같소."

포르트너 교수는 남준에게 서독일 라디오 방송에서 일해 보라고 권했다. 거기 전자 스튜디오에는 젊은 작곡가들과 전자 음악 분야의 작곡가들이 모여 새로운 음악과 음향을 만들어 낸다고 했다.

"최첨단 기구도 많으니 학생의 실험에도 도움이 될 거요."

남준이 가겠다고 나서자 교수는 추천서를 써 주었다. 추천서에, 자신은 "백남준같이 아주 특이한 현상"은 맡아 가르칠 수 없으며, 남준이 "소리와 음향의 연출"에 관심이 있다고 적었다.

서독일 방송국으로 간 남준은 전자 음악에 빠져들었다. 스튜디오에 구비된 음악 발생기로 여러 가지 합성 음향을 만들었다. 그 합성 음악을 테이프에 녹음해 작곡의 재료로 삼았다. 이 소리들을 그저 들려주는 것만으로는 성이 차질 않았다. 남준은 소리를 어떻게 '보여 줄 것'인지를 연구했다.

바이올린을 살려 줘!

"피아노를 부숴?"

1959년 11월, 남준은 첫 번째 퍼포먼스 공연을 펼쳤다.

〈존 케이지에게 경의를 : 테이프 리코더와 피아노를 위한 음악〉

연주회가 아니라 퍼포먼스였다. 퍼포먼스에는 연극, 음악, 그리고 시각 예술이 어우러진다. 단지 음악을 들려줄 뿐만 아니라, 연극과 같이 행동으로 보여 주는 것이다. 남준의 퍼포먼스는 음악을 듣는 데서 보는 것으로 바꿔 놓는다.

남준이 데뷔 공연을 한 갤러리 22는 모든 화가가 동경하던 전시장이었다. 갤러리 22의 소유자인 장 피에르 빌헬름은 전위 예술의 애호가였다. 그는 세 차례에 걸쳐 남준에게 공연 기회를 제공했고,

남준은 그를 평생의 은인으로 여겼다.

빌헬름은 심장병을 앓았다. 유대인인 그는 제2차 세계 대전 때 반 나치 운동에 참가해 지하 생활을 하느라 병이 악화되었다. 빌헬름이 예술을 그만두겠다고 화려한 은퇴식을 갖자, 사람들은 유난을 떤다고 했다. 한 해 뒤 빌헬름은 숨을 거뒀다. 사망 소식을 들은 남준은 묘를 찾아 2마르크짜리 화분 두 개를 놓고 왔다. 갤러리 22를 기리자는 뜻이었다.

퍼포먼스에는 피아노 두 대, 테이프 리코더 세 대, 달걀과 완구가 등장한다. 무대에 오른 남준은 그것들로 소리를 만들어 냈다. 깡통을 차서 유리판을 깨고, 그 유리로 계란과 장난감을 쳤다. 갖가지 소음들이 공연장을 채웠다. 살아 있는 수탉이 꼬꼬댁거리며 돌아다녔다. 녹음테이프가 작동하자 다른 소리가 더해졌다. 오토바이가 부르릉 소리를 냈다. 베토벤 교향곡 5번, 독일 가곡, 라흐마니노프 피아노 협주곡, 복권 당첨 소리, 장난감 소리, 사이렌 소리가 들렸다.

남준은 소리를 만들어 내고, 녹음기는 소리를 재생했다. 두 소리가 합쳐져 공연장은 시끌벅적했다. 남준은 각종 소리를 발췌하고 편집하여 테이프를 만들었는데 아무도 녹음테이프에는 주의를 기울이지 않는 것을 안타까워했다. 사람들은 들려오는 소리보다 남준의 과격한 행동에 눈길을 빼앗겼다.

이날 공연에서 남준은 피아노를 공격했다. 피아노를 때려 부췄다. 관객들은 경악했다. 피아노 연주를 보러 와서 피아노가 박살 나는 걸 보게 되다니.

남준에게 피아노는 전통 음악의 상징이었다. 남준은 기존에 있던 음악과 다른 새로운 소리를 찾으려고 했다. 낡은 것을 부수고 새로운 것을 만들자. 그것이 베토벤이든, 피아노같이 전통의 무게를 지닌 악기든 말이다. 피아노와 바이올린 등의 고전적인 악기를 악보에 따라 연주하는 대신, 악기를 산산조각 냈다. 감동 대신 과격함으로, 전통의 계승 대신 거부와 파괴로 충격을 주고자 했다.

퍼포먼스를 통해 남준은 비좁은 음악의 한계에서 벗어났다. 음악에 볼거리가 더해졌고, 행동으로 연극 공연과 유사해졌다. 남준의 첫 번째 퍼포먼스는 사람들의 관심을 끌었다. 그러나 정작 이 작품을 헌정받은 케이지는 참석하지 못했다고 한다. 대신 독일에 있던 작곡가 윤이상과, 앞으로 그와 각별한 우정을 나눌 요제프 보이스가 공연장을 찾았다고 한다.

다음 해에 남준은 쾰른에서 〈피아노포르테를 위한 습작〉을 공연했다.

남준은 무대에서 쇼팽의 피아노 곡을 치다가 갑자기 울면서 이리저리 뛰어다녔다. 피아노를 부순 뒤, 부속품을 꺼내 내동댕이치고, 피아노를 엎어 버렸다. 이번엔 피아노만 부순 게 아니었다.

남준은 별안간 가위를 들고 무대 맨 앞줄로 달려갔다. 거기엔 존 케이지가 앉아 있었다. 남준은 케이지의 재킷을 들어 올렸다. 케이지를 위해 바쳐진 공연이니, 그의 윗도리를 모두 가위로 자를 셈이었다. 하지만 케이지가 속내의를 입지 않은 걸 보고 남준은 망설였다. 정말 가위로 난도질해 버리면 케이지의 벌거벗은 몸이 드러난다. 할 수 없이 남준은 가위로 셔츠 일부만을 가위로 도려냈다. 대신 넥타이를 잘라 냈다.

"나는 남자들이 늘 넥타이를 매고 다니는 게 마음에 들지 않는다."

"로마 시대부터 넥타이는 힘과 권력을 상징했다."

넥타이를 자른 뒤 남준은 케이지와 데이비드 튜더의 머리에 샴푸를 들이부었다.

두 사람은 물에 흠뻑 젖었다. 옆자리의 슈토크하우젠이 기겁을 하고 일어났다. 달아나는 슈토크하우젠을 보고 남준은 소리쳤다.

"도망가기는…… 당신한테는 안 할 거야!"

샴푸를 마치자 남준은 객석 사이를 비집고 공연장 문을 향해 달려 나갔다. 공연자가 사라지자, 객석은 이상한 침묵에 휩싸였다. 공연이 끝난 거야, 아니면 뭔가 더 있는 거야.

얼마 후 공연장에서 전화벨 소리가 요란하게 울렸다.

"퍼포먼스는 끝났습니다."

남준이 걸어 온 전화였다. 공연장에는 정적이 흘렀다. 사람들은 어리벙벙한 얼굴로 자리를 떠나지 못했다. 방금 전에 본 기상천외

한 퍼포먼스로 사람들은 멍한 분위기였다.

"바이올린을 살려 줘라!"

남준은 이번 공연에서 바이올린을 부수기로 했다. 그러나 바이올린을 내리치려는 순간, 객석에서 괴성이 들렸다. 뒤셀도르프 시립 관현악단의 바이올린 주자가 벌떡 일어섰다. 그에게 바이올린은 소중한 악기였다. 그걸 박살 내는 꼴은 보지 못하겠다고 소리쳤다.

"이봐, 콘서트 방해하지 마!"

몸집이 커다란 사내가 일어서서 맞섰다. 남준은 그들을 번갈아 바라보았다. 둘은 객석에서 말싸움을 벌였고, 거구의 사내는 바이올린 주자를 공연장 밖으로 내몰았다. 그는 좌석에 앉으며 남준에게 말했다.

"자, 방해꾼이 갔으니 공연 계속합시다!"

잠시 후 바이올린은 산산조각이 났다. 공연은 계속 이어졌다. 남준은 피아노를 도끼로 부수었다. 그리고는 무대에 남은 다른 피아노로 가서 베토벤의 〈월광 소나타〉를 치다가 갑자기 괴성을 질러 댔다.

〈바이올린 독주〉 공연은 그렇게 끝났다. 무대 뒤편에서 누군가 남준을 불렀다.

"파이크(Paik)?"

생전 처음 보는 남자가 남준을 불렀다. 눈초리가 사나운 이상한 중년 남자였다. 그는 자기가 남준의 첫 번째 퍼포먼스인 〈존 케이지에게 경의를〉도 지켜보았다고 했다. 남준이 그때 입고 있었던 옷과 남준이 보라색 목도리를 두르고 있었다는 사실도 기억했다. 나에게도 벌써 팬이 생긴 걸까? 남자는 자기도 예술을 한다고 했다. 남준은 남자를 물끄러미 바라보았다. 아무래도 기억이 나지 않았다. 그렇다고 이름을 물어 볼 수도 없었다. 자기 이름을 모른다고 남자가 섭섭해할지도 모르니 말이다.

"독일과 네덜란드 국경 근처에 큰 아틀리에가 있으니 와서 연주를 해 주겠소?"

남준은 고개를 끄덕였다.

남준과 요제프 보이스의 우정이 시작된 순간이었다.

보이스는 남준보다 열한 살 많은 독일 예술가였다. 화랑에서 제대로 된 전시회를 연 적이 없는 무명 예술가였지만 괴팍한 사람으로 유명했다. 갤러리 22의 주인 빌헬름이 보이스를 가리켜 "저런 기인이 대학 교수가 될 수 있다니, 독일은 참 좋은 나라이다"라고 했을 정도였다.

1965년 보이스는 〈죽은 산토끼에게 어떻게 그림을 설명할 수 있을까〉를 발표했다. 보이스는 죽은 토끼를 품에 안고 화랑 안을 돌아다니며 그림을 보여 주었다. 산 사람에게 하듯 그림에 대해 일일이, 간곡하게 설명해 주었다. 죽은 토끼에게 예술을 알려 준다는 게 가능할까? 죽은 토끼에게 어떻게 예술을 가르쳐 준다는 것일까?

다른 공연에도 토끼가 등장했다. 죽은 토끼는 흑판에 걸려 있다. 보이스는 칼로 토끼의 심장을 도려서 죽은 토끼 옆에 걸어 놓았다. 그리곤 붉어진 얼굴로 토끼 앞에 다가가 감상적인 피아노 곡을 연주했다.

보이스에게 토끼는 다름 아닌 인간이었다. 〈이길 수 없는〉이란 작품에는 5센티미터의 점토 토끼가 나온다. 토끼 앞에는 장난감 군인이 총을 겨누고 누워 있다. 군인은 2.4센티미터이니, 크기가 토끼의 절반이다. 장난감 군인에게 토끼는 거대하며 결코 이길 수 없는 존재이다.

인간은 약하면서 강하다. 토끼도 마찬가지다. 이를테면 사냥꾼에게 쫓기는 토끼는 부러 멀리 후미진 데로 간다고 한다. 사냥꾼을 다른 토끼들에게서 떼어 놓는 것이다. 자기만 해치고 다른 토끼들을 쫓지 못하게 유인한다. 자기를 희생시켜 다른 토끼를 구한다.

유명해진 뒤로 보이스에게는 5분에 한 번씩 전화가 걸려 왔다. 공연이나 강연회를 부탁하는 전화, 사인을 해 달라는 전화, 학생들이 고민을 토로하는 전화 등이 쉴 새 없이 걸려 왔다. 보이스는 전화 교환수처럼 걸려 온 전화를 일일이 받았다고 한다.

"아니, 그 전화를 일일이 받다가 언제 작업을 하려고요?"

사람들이 말려도 보이스는 계속 전화를 받았다. 독일은 패전국이었다. 막 경제 성장이 시작되었다. 사람들은 혼란 속에서 불안해했다.

"난 그런 사람들의 목소리를 전달하는 어리석은 아저씨 역할을 맡고 싶어."

보이스는 제2차 세계 대전 때 비행사로 복무했다. 소련 상공을 지나가는데 폭탄이 날아왔다. 비행기는 추락하기 시작했다. 안전벨트를 묶고 있던 옆자리 조종사는 그 자리에서 숨졌다. 벨트를 묶지 않았던 보이스는 비행기가 땅에 부딪치는 순간 창을 뚫고 튕겨 나가 눈에 처박혔다. 목숨이 위태로운 상황이었다. 사흘 뒤, 그 지방 사람인 타타르인들이 보이스를 발견했다. 그들은 보이스를 썰매로 실어다 온몸에 버터를 바르고 담요로 싸서 간호해 주었다. 보이스는 기적적으로 살아났다. 그의 작품에 등장하는 기름 덩어리, 왁스, 회색 펠트지, 손전등, 썰매, 약품 등은 그때의 체험에서 비롯된 것이라고 한다.

또한 보이스는 타타르인들이 굿을 하는 것도 보았다. 죽음과 삶의 경계에서 본 굿 장면은 보이스에게 큰 영향을 끼쳤다. 후에 보이스는 동양의 샤머니즘에 관심을 갖게 되었다. 그는 예술가가 무당과 같은 존재라고 생각했다. 하늘과 땅을 연결하는 신비로운 존재라는 점에서 비슷하다는 것이다.

"우리 어머닌 정월마다 굿판을 벌이셨지."

어릴 때 굿을 많이 봐 왔던 남준은 보이스와 이야기가 잘 통했다. 보이스도 동양에서 온 남준에게 호감을 가졌다. 둘은 1988년에 서울에서 무당굿을 벌일 계획까지 세웠다.

남준은 보이스의 위대함이 '호랑이 꼬리' 같다고 했다.

"호랑이는 원래 몸통 전체를 보여 주는 것보다 꼬리만 슬쩍 보여 줄 때가 훨씬 더 무섭거든."

보이스는 남준의 작업 동료이자 뜻이 가장 잘 통하는 쌍둥이 같은 친구였다. 보이스는 독일에 살던 한국인 남준을 보살펴 주었고, 퍼포먼스도 함께 했다. 남준의 첫 텔레비전 전시회에서 보이스는 남준이 전시한 피아노를 도끼로 때려 부쉈다. 애초에 남준이 부술 기로 정해 둔 피아노에 선수를 친 것이다. 남준은 화를 내기는커녕 도대체 보이스가 어디에서 그 도끼를 가져왔는지를 궁금해했다.

"공연장에 도끼가 있는 것도 아니고, 집에서부터 도끼를 가져온 것도 아닐 테고."

보이스는 싱긋거리기만 할 뿐 대답해 주지 않았다.

피아노와 바이올린을 단숨에 파괴하고, 관객의 넥타이를 자르고, 머리를 샴푸시키고, 객석에 오줌을 누고, 구두에 물을 받아 마시고, 머리에 먹물을 잔뜩 뒤집어쓰고 머리카락으로 글씨를 쓰는 등의 기행으로 남준은 유명해졌다.

누가 감히 저런 짓을 할 수 있을까.

거칠고 과격한 퍼포먼스를 벌이는 남준에게는 '동양에서 온 문화 테러리스트'란 별명이 붙었다. '문화 파괴자'란 비난도 들었다.

남준은, "파괴? 어떤 변화는 파괴라고 하고, 어떤 변화는 창조라고 라벨을 붙이는데, 뉴턴의 법칙에 따르면 둘 다 똑같다"라며 이런 낙인 찍기를 빈정거렸다. 되레 이런 비난에 대해 적극적으로 맞섰다.

1965년 아헨 공대에서 〈황색 의자들〉 공연이 시작되었다. 남준은 칠판에 공연 제목인 '황색 의자들'을 쓰고는 갑자기 바지를 내렸다. 엉덩이를 드러냈다. 그리곤 의자에 앉아 명상에 잠겼다. 의자는 꼭 변기 같았다. 이 공연에서 남준이 보여 주려고 한 건 엉덩이가 아니라 몽고반점이었다. 몽골족의 엉덩이에 낙인처럼 찍힌 몽고반점 말이다. 남준은 자신이 몽골족의 후예임을 밝히고자 했다.

"황색 재앙, 그게 바로 나다."

백인 중심의 유럽 사회에서 자신이 몽골족의 후예임을 내세운 것이다. 13세기 초 몽골 제국은 유럽 대륙으로 밀고 들어왔다. 유럽은 가까스로 비껴갔지만 러시아는 300년이나 몽골의 지배를 받았다. 당시 유럽인의 황인종에 대한 공포를 나타내는 말이 바로 '황

색 공포'였다. 유럽의 전통을 파괴한다며 자신을 공격하는 유럽인
들에 맞서, 남준은 몽골 유전자를 내세웠다.

"나는 내 피에 흐르는 몽골-시베리안 유전자가 자랑스럽다."

괴짜 친구들, 플럭서스

"손대지 마시오."

미술관에 가면 눈만 써야 한다. 작품은 일정한 거리를 두고 감상해야 하는 대상이다. 도대체 뭘 그렸는지 알 수 없는 알쏭달쏭한 그림 앞에서 사람들은 진땀을 흘린다.

'이것이 왜 대단한 작품이란 거지?'

'비평가나 미술 전문가들은 알겠지. 하지만 난 모르겠어.'

1950년대 예술은 변혁을 맞이했다. 예술과 삶의 거리를 좁히고자 했다. 전문가만이 아는 예술, 전시장에 갇힌 예술에서 벗어나고자 했다. 그들은 예술 작품이 상품으로 거래되는 것도 반대했다. 이런 새로운 움직임 중 하나가 '플럭서스'였다.

라틴어로 변화, 변동을 의미하는 플럭서스는 '인간 내부에 잠재해 있는 힘과 강도', '항상 유동적으로 움직이며 끊임없이 소용돌이치고 있는 힘'을 뜻한다. 고여 있는 물은 썩는다. 살아 있는 것들은 움직인다. 고대 그리스 철학자 헤라클리투스의 "만물은 창조의 흐름 속에서 유전한다"에서 유래된 말이었다.

강이 흘러가면서 모든 것을 끌어안는다. 플럭서스는 경계를 넘고자 했다. 삶과 예술의 경계는 물론이고 미술, 음악, 연극, 무용, 시 등 갖가지 예술 장르를 아울렀다. 예술가와 감상자의 거리를 없애려고 했다. 끊임없이 변화를 추구했다.

플럭서스의 조직자 조지 마키우나스는 리투아니아 태생의 건축학도였다. 음악을 공부하다가 예술가들과 친해져 공연을 하였다. 마키우나스는 매일 저녁 열리는 공연에 만족하지 않고 예술 잡지를 발간해야겠다고 마음먹었다. 책이 출판되기 전인 1961년에 그는 뉴욕을 떠나 앞으로 플럭서스 역사가 펼쳐질 유럽을 방문했다. 그는 방문하기 전에 남준에게 편지를 보냈다. 멤버가 되어 달라는 초대장이었다. 이 제안을 받아들인 남준은 플럭서스의 창립 멤버가 되었다. 마키우나스는 남준에게서 받은 인상을 이렇게 표현했다.

"백남준은 키도 작고 머리카락은 보리밭같이 삐죽 솟았다. 겨울에도 샌들을 신고 목도리를 눈 밑까지 하고 다닌다. 누구에게나 '할로 할로' 하면서 인사하고, 뉴욕 사람들과는 달리 대단히 겸손하다.

그는 또 영어와 독일어를 일본말처럼 하는데, 처음에는 거의 알아들을 수가 없다."

1962년 플럭서스 예술가들이 뭉쳐 첫 축제를 펼쳤다. '가장 새로운 음악 페스티벌'에서 남준은 〈심플〉을 공연했다. 심플의 공연 지침은 다음과 같았다.

1. 관객 쪽으로 완두콩을 던져라.

2. 몸에 면도 거품을 발라라.

3. 면도 거품 위에 쌀을 부어라.

4. 천천히 두루마리 종이를 풀어라.

5. 물웅덩이에 들어가라.

6. 돌아와서 고무 젖꼭지를 물고 피아노를 연주하라.

공연은 이대로 치러졌다.

10월, 쾰른에서 남준은 퍼포먼스 〈머리를 위한 참선(Zen for Head)〉을 재연했다. 머리카락이 붓인 양 먹물을 묻히고 바닥을 기어다니며 그림을 그리는 것이다.

플럭서스 해프닝은 황당무계하기도 했지만 관객들은 즐거워했다. 누구나 즐기고 한판 놀아 보자는 철학이 담긴 공연이었다. 이들의 해프닝에는 언제나 관객들이 들끓었다. 남준은 공연을 하면서 관객들과 놀이판을 벌인다고 생각했다. 공연하는 사람이나 보는 사람이 함께 어우러져 놀자는 것이다.

플럭서스 공연 중 1965년에 열린 〈24시간 해프닝〉이 유명하다. 남준을 포함한 여덟 명의 예술가들은 화랑의 방 하나씩을 차지했다. 그리고 24시간 각자 퍼포먼스를 펼쳤다.

관객들은 마치 뷔페 음식을 맛보듯 각 방을 돌면서 퍼포먼스를 구경했다. 여덟 명 중 사진작가는 전체 작업을 필름에 담기 위해 참여했고, 토마스 슈미트란 시인은 이 공연에 반대한다는 뜻을 밝히기 위해 참여했다. 슈미트는 해프닝으로 자신의 예술을 드러내고 선전하는 예술가들을 꼴사나워했다.

"나는 반대하기 위해 참여한다. 공연은 절대 하지 않겠다."

엉뚱하게도, 사람들은 유명한 시인의 공연을 보러 몰려들었다. 슈미트는 관객이 들어오면 하던 일을 멈추고 관객을 빤히 바라보았다. 어떤 관객은 무안해하며 물러섰고, 누군가는 슈미트를 마주 보았다. 그는 자신의 방에 관객이 한 명이라도 들어오면 하던 작업을 멈추고 멍하니 앉아만 있었다. 사람들이 사라지면, 양동이에 물을 담아 놓고 졸졸 따랐다. 물이 흐를 때 나는 깨끗한 소리가 그의 연주였다.

어떤 시인은 한 시간에 한 줄씩 시를 썼다. 그의 목표는 24시간 동안 스물네 줄의 시를 창작하는 것이었다. 그는 방에 쪼그리고 앉아 한 시간에 한 줄씩 시를 썼다. 완성한 시는 금고에 넣어 친구에게 주었고, 그 친구가 공개하지 않아서 아무도 그 시를 보지 못했다.

누군가는 금방 잡은 소고기를 한 덩이 들고 나와 바늘로 고기를 찔렀다 뺐다 하는 행동을 반복했다. 관객들은 진저리를 치며 물러났다. 요제프 보이스는 엄청나게 큰 버터를 들고 나와 삼각형으로 자른 뒤, 베개 삼아 눕기도 하고 그 버터 옆에다 삽을 진열했다.

남준은 첼리스트 샬럿 무어먼과 한 조가 되어 퍼포먼스를 펼치기로 했다. 뉴욕 아방가르드 페스티벌로 처음 만났던 둘은 이때도 한 쌍이 되어 움직였다. 그런데 연주를 시작하려는 순간, 무어먼이 곯아떨어졌다.

"이봐, 샬럿! 일어나, 일어나라고!"

아무리 깨워도 무어먼은 꼼짝하지 않았다. 연주가 불가능했다. 사람들이 방 안을 기웃거렸다. 당황한 남준은 뭐라도 해 볼 요량으로 무어먼 옆에 누워 자는 척했다. 관람객들은 잠든 두 사람을 보았다. 그것도 공연이겠거니 하고 그냥 지나쳐 갔다. 나중에 알고 보니 무어먼이 공연을 앞두고 불안해하자 누군가 약을 주었는데, 그 약이 수면제였다는 것이다.

남준은 무어먼이 일어날 기미가 없자 옆방에 가서 드러누워 버렸고, 진짜 잠이 들었다. 새벽에 잠이 깬 무어먼은 남준이 혼자 사라졌다고 투덜거렸다. 하는 수 없이 혼자서 멋진 연주를 펼쳤다. 다음 날 아침, 남준은 그냥 잠들어 버린 걸 벌충하려고 자신이 제작한 로봇 K456을 선보였다. 말하고 정치 구호를 외치고 노래하는 로봇을 보고 사람들은 열광했다.

플럭서스는 어느 범주에도 속하지 않는 새로운 형태의 예술을 만들어 내고자 했다. 보통 예술 조직이나 운동과는 달랐다. 그들은 필요할 땐 뭉쳤지만 어떤 규칙이나 조직에 얽매이지 않았다. 각자 활동을 하다 행사가 있으면 한데 모였다. 행사가 끝나면 뿔뿔이 흩어졌다. 느슨하고도 자유로운 예술가들의 모임이었다. 참여하는 사람들도 제각각이었다. 화가, 음악가, 무용가, 사진작가, 문학인 등 여러 장르의 예술가들이 함께했다. 이들이 함께 공연하니, 자연스럽게 예술의 여러 장르를 넘나들 수 있었다. 그들이 꿈꾸는 것은 모든 예술 장르를 결합시킨 '총체 예술'이었다.

괴짜 플럭서스의 친구들은 남준이 믿고 함께 나누길 원하는 친구들이었다. 당시 플럭서스는 돈 한 푼도 없었고, 명성도 없었으며, 미술계는 그들을 악동이라고 무시했다. 신문에서는 해괴한 이야기나 만물상 같은 기사에 덧붙여 화젯거리로나 다뤘다. 하지만 플럭서스는 서로를 이해하는 예술가 친구들이 모여 서로에게 보여 주는 공연이었다. 플럭서스는 '친구들이 친구들을 위해서 만든 무엇'이었다. 친구들은 친구들의 공연을 응원했다. 언제나 혼자였던 남준은 예술 동지들을 얻었다.

보이스는 어느 날 남준에게 미술 아카데미에서 공연을 해 보라고 제안했다.

"첫째 날은 백남준의 개인전, 둘째 날은 플럭서스 그룹전을 열자."

남준은 고개를 저었다.

"플럭서스는 모든 구성원이 똑같은 권리를 갖고, 개인의 자아를 없애자고 주장하는 평등한 단체이니만큼, 이틀 밤을 모두 플럭서스에 할애하자."

보이스는 남준의 의견을 받아들였다. 개인전을 열 기회는 아무에게나 주어지지 않는데, 이 기회를 넘겨 준 것이다. 남준은 플럭서스의 취지에 맞게, 모든 걸 친구들과 함께 나누기를 원했다.

때론 빨간 입술이 필요하다

"예술가는 자연과 사회의 수많은 미확인 비행 물체들의 속삭임을 예민하게 받아들이는 안테나이며 레이더이다. 예술가는 소통하는 사람이다. 또한 예술가는 전문적인 마음의 조작자이다."

남준은 사회와 문화의 변화를 민감하게 살폈다. 그런 그의 눈에 텔레비전이 들어왔다. 텔레비전은 현대 기술을 상징하는 물건이다. 이것을 예술과 결합시킬 수는 없을까. 이 시대에 텔레비전이 중요하게 여겨진다면, 예술가는 마땅히 그것을 작품에 이용해야 하는 건 아닐까.

"왜 텔레비전을 그저 바라만 봐야 하는 걸까? 텔레비전을 가지고 뭔가 만들어 볼 수는 없을까?"

1958년부터 남준은 텔레비전에 관심을 가졌다.

1925년, 스코틀랜드인 존 로지 베어드는 최초의 기계식 텔레비전을 발명했다. 이 최초의 텔레비전은 일일이 손으로 돌려야 영상이 보이기에 불편하기 짝이 없었다. 최초의 전자식 텔레비전을 발명한 사람은 필로 판스워스란 미국인이었다. 그는 어릴 적에 감자밭을 갈다가 이랑과 고랑을 보고 영상도 쟁기질하듯 이렇게 한 줄씩 날려 보내면 어떨까, 상상했다고 한다. 새로운 소식이라곤 편지가 전부였던 시골 마을에서, 소년은 모든 사람들이 똑같은 시간에 똑같은 내용을 보며 즐기고 배우길 꿈꿨다. 1927년 전자식 텔레비전의 발명으로 소년은 그 꿈을 이루었다. 텔레비전은 점점 사람들의 생활에서 빼놓을 수 없는 필수품이 되었다.

예술가들도 텔레비전을 작업에 이용했다. 리처드 해밀턴이란 화가는 유명한 콜라주 작품인 〈현대 가정을 그토록 다르게, 그리고 그토록 매력적으로 만드는 것은 무엇인가?〉(1956)에서 카세트 플레이어, 청소기와 더불어 텔레비전을 가전제품으로 등장시켰다. 톰 웨설먼은 〈위대한 아메리카 누드 #39〉(1962)에 알몸의 여인과 코카콜라, 그리고 텔레비전을 추가했다. 하지만 이런 시도들은 사과를 가지고 정물화를 그리는 것과 같았다. 텔레비전 자체를 적극적으로 예술에 끌어들였다고 보기는 힘들었다.

아직은 누구도 텔레비전 자체를 예술 작품으로 만들 생각은 하지 않았다. 남준은 머지않아 누군가 그런 시도를 할 거라고 생각했다. 하지만 텔레비전 화면으로 뭔가를 만들어 내는 건 영화감독, 화가의 몫이라고 여겼다.

그러던 어느 날 남준은 문득 이런 생각을 했다.

"왜 내가 하면 안 되나?"

남준은 생각이 미치면 행동이 빨랐다. 그는 바로 TV에 대한 연구에 본격적으로 몰두했다. 1961년 열두 번째 플럭서스 공연을 마친 후, 남준은 TV 관련 기술 서적을 뺀 모든 책을 창고에 넣고 잠가 버린 뒤, 오로지 전자에 대한 책만 읽어 댔다. 대학 입시를 준비하던 혹독한 시절로 돌아간 셈이었다. 그는 당시 전자와 물리 외에는 아무것도 생각하지 않았다.

다른 예술가들도 텔레비전을 가지고 작품을 만들기 시작했다. 주로 텔레비전 수상기를 변형시키는 작업이었다. 혹은 TV를 공격한다고 TV 수상기를 깨고, 색을 칠해 범벅을 만들고, 철사로 묶기도 했다. 하지만 남준은 텔레비전을 공격하기 전에 우선 매체의 본성을 파악해야 한다고 생각했다. 그래서 텔레비전 기술에 대해 공부한 것이다.

"기술을 철저히 증오하기 위해 기술을 사용한다."

연구에 몰두한 지 불과 2년 만에 남준은 자신이 개발한 기술에 대해 특허를 신청하기까지 했다. 1965년에 미국 워싱턴 주재 상공

회의소에 이런 편지를 보냈다.

저는 TV 영상의 뒤틀림 현상에 대한 연구를 통해 TV 광고 분야에서 예술적이며 상업적인 목적에서 고용 창출이 가능하다는 사실을 발견했습니다. 저작권 보호를 위해 특허권을 신청하려고 합니다.

텔레비전으로 예술을 하려면 텔레비전이 필요했다.

하지만 당시 텔레비전은 고가의 물건이었다. 유학생 남준에게는 텔레비전으로 뭔가를 해 본다는 건 버거운 일이었다. 설상가상으로 집안에 일이 생겨 더 이상 학비를 부쳐 줄 수 없다는 소식이 날아왔다. 마지막으로 송금받은 돈을 앞에 두고 남준은 고민했다.

"이 돈으로 뭘 해야 하나?"

집에서 부쳐 온 돈으로는 자신이 기획한 전시회를 꾸릴 수 없었다. 앞으로 살아갈 길도 막막했다. 남준은 궁리 끝에 송금된 돈을 조금이라도 불릴 생각으로 증권사를 찾아갔다. 세 종목에 투자했는데, 두 종목은 완전히 망했지만 은행 주식으로는 꽤 많은 이익을 보게 되었다. 하지만 계산해 보면 본전치기였다. 남준은 전 재산을 털어 텔레비전 열세 대를 샀다. 이 열세 대의 텔레비전이 비디오 아트의 출발 지점이 되었다.

1962년 4월 남준은 피아노와 음향 장치가 있는 아틀리에를 빌렸다. 그리고 근처에 남들 몰래 다락방을 빌렸다. 텔레비전을 연구하기 위한 비밀 아지트였다. 비밀로 붙인 건 자신의 작업이 다른 예술가에게 알려질까 걱정했기 때문이었다. 그는 이 실험이 원하는 결과를 얻지 못할 때 받게 될 비판을 두려워했다. 다른 한편으로 자신의 아이디어를 누군가 먼저 현실화시킬까 우려했다.

남준은 자신이 텔레비전을 가지고 완전히 새롭고 흥미로운 것을 만들 수 있다는 걸 어렴풋이 알았지만 시간이 필요했다. 남준은 다락방을 오가며 비밀스럽게 실험을 시작했다. 텔레비전 실험을 하면서도 플럭서스 회원으로 공동 콘서트에 참가했으며 모든 중요한 행사에는 꼭 참석했다. 그러면서도 틈틈이 비밀 다락방에서 텔레비전 작업을 계속했다. 남준은 비밀 스튜디오에 종일 틀어박혀 두 명의 기술자와 함께 TV 화면을 변형시키는 연구를 했다.

1963년 마침내 남준은 첫 번째 텔레비전 전시회를 열었다. '음악의 전시-전자 텔레비전'으로, 음악가나 행위 예술가로 알려진 남준이 텔레비전이라는 새로운 영역에 첫발을 내딛었다. 도쿄 대학을 졸업하고 독일로 유학한 지 7년째 되던 해에 거둔 결실이었다.

파르나스 갤러리 입구에 황소 머리가 걸리고 통로에 기구가 둥싯거렸다. 음악과 관련된 것과 열세 대의 텔레비전이 전시되었다. 열세 대 중 두 대는 다락방에서 갤러리로 나를 때 고장이 나 버렸다. 남준은 고장 난 텔레비전 중 한 대는 화면을 아래로 하여 놓아 두었다. 다른 한 대는 화면에 수평선이 그어졌다. 남준은 이 텔레비전을 180도 각도로 돌려 〈TV를 위한 선〉이란 제목을 붙였다. 나머지 열 대의 텔레비전에서는 이상한 영상들이 나타났다. 남준은 텔레비전을 특수한 방식으로 조작해 두었다. 생방송 이미지를 왜곡시켜 일그러진 저명 인사의 얼굴을 보여 주거나, 흑백 이미지의 명암을 도치시키거나 내부 회로를 변경시켜 추상적 주사선을 만들어냈다. 이를테면 마그네틱 코일을 가져다 대면, 화면 속의 미국 대통령 닉슨의 얼굴이 일그러지는 식이었다.

어떤 텔레비전은 내부 조작을 해서 화면이 음화 형태로 나타났다. 밝게 보여야 할 부분이 시커멓게 나왔다. 다른 텔레비전은 수직이나 수평의 축을 중심으로 둥글게 화면이 뭉쳤고 움직였다. 화면에 추상적인 형태가 나오는 텔레비전도 있었다. 텔레비전에 라디오도 연결시켰다. 〈빛의 점〉이란 작품은, 화면 가운데의 밝은 점이 라디오 음량에 따라 커지거나 작아졌다. 〈쿠바TV〉는 텔레비전에 테이프 리코더가 연결되어 진폭에 따라 화면이 커지거나 작아졌다. 줄무늬 영상의 두 대의 텔레비전도 라디오 수신기의 영향을 받았다. 세 번째 그룹은 발판 스위치를 확성기와 연결시켰다. 자극을 주면 증폭기를 통해 화면에 불꽃 점들이 생겼다.

남준은 텔레비전이란 기계를 연구하여 남다르게 바꾸어 놓았다. 원래 텔레비전은 일방적으로 방송을 내보내는 매체였다. 시청자들은 텔레비전이 제공한 프로그램을 그저 바라보고 있어야만 했다. 텔레비전은 그래서 '바보상자'라고 불렸다. 보는 사람을 수동적으로 멍하게 만든다는 것이다.

남준은 바보상자를 예술 작품으로 만들고자 했다. 그러기 위해서 관객들의 참여를 이끌어 내야 했다. 그저 바라만 보는 텔레비전이 아니라, 보는 사람이 조작할 수 있는 텔레비전을 만들자.

첫 번째 그룹의 두 대의 텔레비전은 관람객들이 다이얼을 돌림으로써 화면이 변형될 수 있었다. 세 번째 그룹의 두 대의 텔레비전은 관람객이 발판 스위치를 누르거나 확성기에 말을 해야 화면에 불꽃이 일어났다.

전시회에 맞춰 남준은 성명을 발표했다.

나의 실험 TV 작품이

언제나 흥미로운 것은 아니다.

그렇다고 해서 늘 흥미롭지 않은 것도 아니다.

마치 자연처럼─자연이 아름다운 것은,

아름답게 변화하기 때문이 아니라 단지 변화하기 때문이다.

(……)

A와 B는 다르다.

하지만 이것이

A가 B보다 더 낫다는 의미는 아닌 것이다.

때때로 난 빨간 사과가 필요하다.

(하지만) 때때로 난 빨간 입술도 필요하다.

남준에게 텔레비전은 새로운 캔버스였다. 그는 TV를 미술 영역으로 끌고 들어와 독자적인 예술 장르로 만들었다. 이 전시회는 비디오 아트의 출발점으로 기록된다.

로봇 K456

"전자 기술 작품을 제작하려면 돈이 너무 많이 들어."

남준의 말을 듣고 형은 고개를 끄덕였다. 첫 전시회를 끝내고 남준은 미국에 온 형과 만났다. 형은 동생의 고민을 듣고 일본으로 오라고 권했다. 당시 일본에서는 텔레비전과 관련된 신기술이 활발히 개발되고 있었다. 일본은 1960년대 말에 '세계 제2의 경제 대국'임을 자랑했고, 국민 평균 소득이 서독의 평균치에 가까웠다. 이러한 경제 부흥을 선도한 것은 전자 기술 산업이었다.

1963년 초, 남준은 형의 말에 따라 일본으로 갔다. 본격적으로 텔레비전 기술을 연마하기 위해서였다. 먼저 『TV 수리법』, 『TV 회로도』와 같이 가전제품 수리공이 읽을 만한 전문 서적을 수십 권

사다 놓고 독파했다. 전기 회로를 이해하기 위해 물리학 교과서를 독학했다.

"물리학은 시처럼 로맨틱하고 수학은 잘 어우러진 악보 같아."

남준은 예술가가 아니라 기술자처럼 보였다. TV의 내부 회로를 조작해 화면의 색깔과 형태를 변화시키는, 당시로서는 최첨단 기술이라 할 수 있는 지식들을 그는 독학으로 깨우쳤던 것이다.

예술가가 왜 기술까지 알아야 하나?

남준은 레오나르도 다빈치의 예술적 성취를 원근법에 대한 그의 과학적 연구와 분리시킬 수 없고, 쇼팽이나 드뷔시의 작곡적 상상력을 그들의 탁월한 피아노 실력과 분리해서 이해할 수 없다고 생각했다. 예술가는 자신이 관심 있는 기술을 연마해야 한다. 그래야만 그 기술을 자유자재로 다룰 수 있다.

"피아노는 단지 88개의 건반만을 가지고 있으나, 저의 작품은 컬러텔레비전에 나타나는 초당 1200만 개의 점들을 제어합니다. 이는 1200만 개의 건반을 가진 피아노를 이용하여 피아노 협주곡을 작곡하는 것과 같습니다. 우리가 사용하는 재료와 도구에 대한 철저한 연구 과정 없이 어떻게 엄청난 가능성이 있다고 말할 수 있겠습니까?"

남준은 도쿄에 머물 때 유능한 전자 기술 전문가 히데오 우치다와 아베 슈야를 만났다. '우치다 라디오'란 가게를 운영하던 우치다는 남준에게 아베를 소개시켜 주었다. 아베는 이후 남준이 비디오 기술을 개발하는 데 결정적인 동반자가 된다. 그는 한평생 백남준이 비디오 아티스트로 성공할 수 있도록 기술적인 도움을 주었다. 뜻을 함께한 아베는 남준을 따라 미국으로 가게 된다. 처자식을 일본에 두고 번듯한 직장까지 버리고 아베가 남준을 따라나선 건 남들이 보기엔 미친 짓이었다. 심지어 아베를 남준에게 소개시켜 준 우치다는 아베 가족을 찾아가 사과까지 했다고 한다.

남준은 아베와 함께 로봇 'K456'을 제작했다. 원래는 일본 공학도와 개발하던 로봇이었다. 6개월 동안 만들어 실험 가동을 했으나, 작동 버튼을 누른 순간 팔다리의 관절 부분을 잇는 부품들이 산산조각이 났다. 그동안의 노력이 물거품이 되는 순간이었다. 남준은 어찌할 바를 몰라 아베에게 도움을 청했다.

아베는 6개월에 걸쳐 기술적 보완을 했고, 마침내 로봇은 제대로 움직였다. 로봇을 만들겠다는 남준의 기발한 상상력과 아베의 기술이 만나 로봇 K456이 탄생한 것이다. 나중에 걷고 말하는 기능이 첨가되자 로봇은 욕도 하고 소리도 고래고래 질러 댔다. 예전에 남준이 하던 과격한 행동들을 로봇이 떠맡아 주었다. 이 로봇은 1982년 폐기 처분될 때까지 백남준의 전시회마다 한몫을 했다.

남준은 한때 돈이 궁해 로봇을 팔려고 했다. 만들 때 2400달러가 들었는데 1200달러에 팔아 달라고 케이지에게 편지까지 썼다.

“로봇 K456을 내놓는 것은 여간 가슴 아픈 일이 아니지만, 양부모를 찾아 입적시키고 싶으니 양자를 보살필 줄 아는 새 부모를 찾아 주기 바랍니다.”

불행인지 다행인지 아무도 사려는 사람이 없어서, 로봇은 1982년까지 남준 곁에 머물게 된다.

미모의 유대인 첼리스트인 무어먼은 클래식 음악가로 열 살 때부터 첼로를 전공했다. 그런 무어먼에게 친구가 존 케이지의 작품을 연주해 달라고 부탁했다.

“존 케이지?”

진지한 음악을 연주했던 무어먼에게는 부담되는 일이었다. 하지만 친구의 부탁이니 거절하지도 못했다. 이 작품을 공연하려면 연주자가 버섯을 먹어야 했다. 전통 음악을 전공한 사람이 그런 일을 할 수 있을까. 사람들의 우려와 달리 무어먼은 너끈히 공연을 마쳤다. 도리어 이 공연 뒤에 전위 예술에 관심을 갖게 되었다. 무어먼은 뉴욕에 전위 예술이 뿌리박는 데 크게 기여하게 된다.

무어먼은 제2회 뉴욕 아방가르드 페스티벌에서 세상을 깜짝 놀라게 할 공연을 기획했다.

“슈토크하우젠의 음악극 〈오리기날레〉를 무대에 올리자.”

〈오리기날레〉에는 갖가지 직업을 가진 많은 사람들이 등장했다.

무어먼은 사방으로 뛰어다니며 출연자들을 구했다. 그러나 '미치광이 작가' 역을 할 사람이 문제였다. 무어먼은 슈토크하우젠에게 도움을 청했다. 그는 무어먼에게, 동양에서 온 미치광이 작가는 남준을 모델로 한 것이라고 했다. 실제 공연에서도 남준이 그 역할을 맡았다는 것이다. 마침 존 케이지가 남준이 뉴욕에 오고 싶어 한다고 무어먼에게 귀띔해 주었다.

남준은 공연을 하며 일본 예술가들과 만났다. 동양 음악을 공부하고 사원에 머물며 선불교를 경험하기도 했다. 1964년 5월 도쿄 쇼게츠 홀 공연에서는 훗날 아내가 될 구보타 시게코와 처음 만나게 된다.

일본에 있는 남준에게 전화가 걸려 왔다.

"예, 제가 백입니다."

뉴욕에서 걸려 온 전화였다. 샬럿 무어먼은 뉴욕에서 전위 예술 공연이 있는데 참여해 달라고 부탁했다. 이후로 남준과 수많은 퍼포먼스를 펼칠 무어먼과의 첫 만남이었다. 앞서 나왔듯, 다음 해에 둘은 함께 플럭서스 퍼포먼스를 펼치기도 했다.

비디오, 예술이 되다

뉴욕의 가난뱅이 예술가

1964년 남준은 뉴욕 케네디 공항에 도착했다. 출국장을 나서자, 훤칠한 키의 갈색 머리 여자가 손을 흔들었다. 샬럿 무어먼이 공항까지 마중을 나온 것이었다. 그들은 공항에서 맨해튼으로 들어가며 공연 이야기를 했다.

남준은 미치광이 작가 역으로 뉴욕 예술계에 첫발을 디뎠다. 이 공연은 뉴욕 예술계의 비상한 주목을 받는다. 침팬지까지 등장하는 괴상한 공연이었다. 이 때문에 공연 중 희한한 일이 일어나도 관객들은 "저것도 공연이겠거니" 하고 받아들였다.

공연이 한창 진행되던 중, 갑자기 비명 소리가 들렸다.

"나 좀 풀어 줘!"

사람들은 남자의 비명을 듣고 두리번거렸다. 무대 기둥에 한 동양 남자가 묶여 있었다. 남준은 몸부림을 치며 고함을 질렀다.

"풀어 줘, 풀어 달란 말이야!"

무어먼은 당황했다. 수갑은 풀리지 않았다. 어쩔 수 없이 경찰에 연락했다.

"여보세요, 여기 사람이 수갑에 묶여 있어요!"

극장 경비원에게 쇠톱을 갖다 달라고 부탁했다. 무대 뒤편에서 동료들이 달려 나왔다.

"샬럿, 설마 경찰을 부른 거야?"

"응. 왜? 방금 불렀는데."

"뭐! 큰일 났네. 경찰이 오면 죄다 걸릴 것뿐인데. 정신 나갔어?"

그러고 보니 공연장에는 침팬지가 어슬렁거렸다. 사방에는 불법 시설물이 설치되어 있었다. 경찰이 보면 곤란한 것들이 가득했다. 정신이 번쩍 난 무어먼은 전화로 경찰 출동을 막으려 했다. 하지만 이미 늦었다.

몇 분 뒤에 무대 위로 경찰관들이 들이닥쳤다. 경비원의 도움으로 수갑에서 풀려난 남준이 때마침 나타났다. 양복 위에는 하얀 면도용 거품, 쌀, 케첩이 뒤범벅되어 있었다. 경찰은 무슨 일이 벌어진 게 분명하다고 생각했다.

"당신입니까? 수갑에 묶였다는 사람이?"

남준은 빙긋이 웃으며 괜찮다고 말했다.

"당신을 묶은 사람을 찾아 연행해 갈까요?"

"그럴 필요 없어요."

관객들은 자리에서 그 모습을 모두 지켜보았다. 어디부터가 각본이고 어디부터가 실제인지 가늠하기 어려웠다. 하여간 희한한 공연이라고 관객들은 즐거워했다.

1960년대 뉴욕은 현대 미술의 중심지로 성장했다. 18세기부터 경제적으로 빠르게 성장한 뉴욕은 예술가들이 꿈을 펼칠 신대륙이었다. 세계적 예술가로 성장하려면 유럽과 함께 뉴욕에서 인정받아야 했다. 남준은 뉴욕에 머물기로 결심했다.

플럭서스 뉴욕 본부에서 얼마 떨어지지 않은 곳에 스튜디오를 얻었다. 가난한 뉴욕 예술가의 삶이 시작되었다. 1960년대 맨해튼 서쪽 지역은 공장 지대로 외국에서 흘러온 가난한 이민 노동자들의 세상이었다. 우중충한 낡은 건물에 쓰레기가 넘치는 뒷골목, 마약상과 갱들이 활개 치는 살벌한 곳이었다.

잠자리는 구했지만 먹을 게 문제였다. 플럭서스 예술가들은 공동으로 식사를 준비하기로 했다. 돈과 시간을 아낄 겸 한 사람이 일주일씩 저녁 식사를 책임지자는 것이다. 요리 재료는 한꺼번에 사면 싸게 살 수 있고, 당번일 때 시간이 걸리긴 하지만 다른 때는 요리에 신경 쓰지 않아도 되니 일거양득이다. 함께 식사를 하며 예술에 대한 이야기도 나눌 수 있으니 더욱 좋았다.

하지만 생각대로 굴러가지 않았다. 마키우나스는 저녁 식사 때마다 슈퍼마켓을 돌아다니며 깡통으로 된 시식 제품들을 공짜로 얻어다 식탁을 차렸다. 어떤 때는 유통 기한이 지난 요구르트를 가져오는 바람에 여럿이 배탈이 나 꼼짝도 못했다.

남준은 한술 더 떴다. 툭하면 몸이 아프다, 바쁘다는 핑계로 저녁 당번을 빠지려 했다. 입맛도 까다로웠다.

"참치 같은 붉은 살 생선은 알레르기가 있어서 못 먹는단 말이야."

자기는 광어 같은 비싼 흰 살 생선만 먹으려 했다. 또, 요리를 하고 있으면 참견을 했다.

"간 맞출 때 소금은 조금만 넣어."

"야채는 비타민이 없어지지 않게 끓고 나서 맨 나중에 넣어야지."

뉴욕에서 남준은 가난한 예술가였다. 한국인이 외국 여행을 하거나 유학을 가는 것이 거의 불가능했던 1960년대 뉴욕에서 그를 돌봐 주거나 가깝게 지낼 한국인은 없었다. 유학을 온 상류층 자제들은 클래식이나 정통 회화에만 관심을 가졌다. 남준이 선보이는 파격적이고 전위적인 퍼포먼스는 광대 짓이라고 여겼다. 전위적인 공연으로 사람들의 눈길을 끌었지만 주머니는 늘 가벼웠다. 퍼포먼스와 해프닝은 돈을 벌어다 주지 않는다.

게다가 형님으로부터 지원이 끊겨 극도로 가난했다. 한 달에 95달러인 방세도 제때 낸 적이 없었다. 매달 25일이 되면 그는 불안해했다. 방값을 내지 못하면 꼼짝없이 쫓겨나야 한다.

전기 요금을 내지 못해 그의 방은 물론이고 건물 전체에 전기가 끊긴 적도 있었다. 뉴욕의 과학 연구소에 있을 때, 식당에서 45센트(1센트는 원화로 약 10원)만 있으면 피자 한 쪽과 콜라를 사 먹을 수 있었다. 남준에게는 그 돈마저 없었다. 방으로 올라가 15센트짜리 라면을 사다 끓여 먹기도 했다. 비디오 아트를 할 땐 뉴욕 거리를 넝마주이처럼 헤매며 고장 난 텔레비전을 실어 날랐다.

하지만 남준은 돈에 신경을 쓰지 않았다. 돈이 떨어지면 그냥 적게 먹고, 아예 없으면 친구들에게 빌리거나 도움을 청했다. 반대로 돈이 생기면 뒷일 생각하지 않고 거침없이 써 댔다.

돈에 대한 남준의 생각은 그의 성장 배경과 철학에서 비롯된 것이 분명했다. 그는 부잣집 아들로 궁핍함의 서러움을 모르고 자랐다. 굶주린 적이 없으니 성공해서 돈을 벌어야겠다는 헝그리 정신도 없었다. 선, 명상, 무소유 등을 중시하는 동양 철학에 영향을 받은 탓에 물욕을 부정했다. 무엇보다 예술 창작에 모든 걸 쏟아붓는 습성은, 비디오 아트의 대가로서 세계적 명성을 얻은 그를 쪼들리게 만들었다. '살면서 제일 실패한 일이 무엇이라고 생각하느냐'는 질문에 남준은 다음과 같이 답했다.

"나는 명성도 얻었고, 친구도 많이 사귀었다. 그런데 나와 유사한 환경과 명성을 가진 다른 예술가에 비하면 유독 돈을 버는 데 실패했다. 믿지 않을지 모르지만 나는 지금도 경제적으로 고통을 당하고 있다. 구겐하임 전시회에 들어가는 막대한 재료비를 조달하려고 정든 작업실까지 팔려고 내놓았다. 지금부터라도 철이 들어서 자본가들이 돈을 들고 내게 어정어정 걸어오도록 만들 비법을 연구해야 겠다. 주위 친구들에게 이 비법을 연구하여 성공 단계에 들어갔다고 말했더니 모두 웃고 믿지 않았다. 내 신용이 말이 아니다."

TV 악기, TV 속옷

〈오리기날레〉 공연 이후 남준과 무어먼은 단짝처럼 붙어 다녔다. 공연도 여러 차례 함께 했고 유럽 순회 공연도 같이 다녔다.

〈TV첼로〉는 둘의 공동 작업에서 탄생했다. 이 작품에서 남준은 영상과 음악을 결합시켰다. 크고 작은 텔레비전을 연결시켜 첼로처럼 만들고 줄을 달았다. 무어먼은 첼로를 연주하고 텔레비전에서는 영상이 흘러나왔다. 텔레비전에서 배경 음악으로 쓰이던 음악이 다른 방식으로 텔레비전과 만나게 된 것이다. 음악과 텔레비전은 한 몸이 되었다.

이 작품은 다양하게 변형되었다. 〈TV브라〉도 그중 하나였다. 텔레비전으로 여성용 속옷을 만든 것이다. 상의를 벗은 무어먼은 소형 TV로 만든 브라를 양쪽 가슴에 달고 연주했다. 한쪽당 3킬로그램, 합쳐서 6킬로그램짜리 속옷을 착용하고 연주를 하니, 공연만 끝나면 무어먼은 녹초가 되었다.

"TV를 인간의 가장 은밀한 부분에 속하는 브라로 사용함으로써, 기술의 인간적인 사용을 증명해 보이겠다."

텔레비전을 그저 집에 놓아 두는 가구가 아니라, 인간과 더 가까운 것으로 만들어 보자는 것이다.

무어먼과의 공연에서 남준은 '몸'을 적극적으로 사용했다. 무어먼은 남준을 첼로 삼아 연주를 했다. 나중엔 무어먼이 자신의 몸을 무대 위에 선보이게 된다. 하지만 보수적인 미국 남부 출신의 그녀가 대뜸 옷을 벗자고 나서진 않았다. 처음에는 실수 때문에 시작된 일이었다.

1965년 5월, 남준과 무어먼은 파리의 미국 문화원에서 열린 '표현의 자유 페스티벌'에서 함께 공연할 예정이었다. 공연 날이 닥쳤다. 리허설을 막 끝낸 무어먼이 소리쳤다.

"숙소에 검은 드레스를 놓고 왔어. 호텔에 갔다 와야 해!"

공연 개막까지는 30분 남았다. 교통 체증으로 거리는 꽉 막혔다. 호텔로 갔다가는 공연 시간에 맞추지 못한다. 관객들은 기다리다 투덜거리며 돌아갈 것이다. 장장 일 년 동안 준비한 공연이었다.

무어먼은 손톱만 물어뜯었다. 남준도 사방을 돌아다녔다. 공연장 구석에 둘둘 말려 세워진 기둥이 보였다. 펼쳐 보니 플라스틱 투명 막이었다.

"저거 어때? 저걸 이브닝드레스로 입는 거야."

"뭐! 말도 안 돼! 투명해서 안이 훤히 보이잖아!"

공연 시간이 코앞으로 다가왔다. 남준은 근사할 거라고 무어먼을 부추겼다.

"아무도 저런 드레스를 입고 연주한 적이 없잖아."

무어먼은 한숨을 쉬었다. 이제 와 공연을 그만두지도 못한다. 무어먼은 투명 비닐을 몸에 둘렀다. 하지만 도저히 맨 정신으로 무대에 설 자신이 없었다. 누군가 무어먼에게 위스키를 건네주었다. 무어먼은 이맛살을 찌푸리며 위스키 한 잔을 마셨다. 한 잔으로는 부족했는지, 나가기 직전 한 모금 더 마셨다.

공연이 시작되었다. 속이 훤히 비치는 비닐을 입고 등장한 무어먼을 보고 사람들은 입이 딱 벌어졌다. 무어먼은 아무렇지도 않다는 표정으로 연주를 시작했다. 하지만 긴장 때문인지 급하게 마신 술 때문인지, 무어먼은 공연 도중 무대에 쓰러져 버렸다.

클래식 음악과 성(性)의 결합을 추구했던 남준은 〈오페라 섹스트로니크〉라는 작품을 작곡한다. 성은 인간에게 중요한 것이다. 그런데 다들 모른 척한다. 이걸 적극적으로 무대에 올려 보면 어떨까.

1966년 독일 아헨에서 초연된 이 작품에서 무어먼은 아예 벌거

숭이가 되어 무대에 섰다. 총 4막짜리 공연이었다. 무어먼은 1막에서는 비키니, 2막에서는 젖가슴을 드러내고, 3막에서는 아랫도리를, 마지막에는 완전한 누드로 연주했다.

같은 공연을 뉴욕에서도 하기로 했다. 하지만 미국은 유럽보다 훨씬 보수적인 사회였다. 첼리스트가 옷을 홀랑 벗고 연주할 거라는 말에, 공연을 중지하란 명령이 전달되었다. 강행한다면 가만두지 않을 거라고 엄포가 떨어졌다. 그렇다고 그만둘 남준이 아니었다.

1967년 뉴욕. 초대장을 받은 200명의 관객이 공연장에 들어섰다. 일반인은 입장이 금지된 비밀 공연이었다. 막이 올랐다. 무어먼은 반짝이는 비키니 차림으로 첼로를 연주했다. 1막이 끝나고 2막이 시작되자, 각본대로 무어먼은 가슴을 드러낸 채 연주를 시작했다. 무대 뒤편에서 고함 소리가 들렸다.

"멈춰!"

사복 경찰관 세 명이 무대 위로 뛰어 올라왔다. 코트로 무어먼의 상반신을 덮고 경찰서로 끌고 갔다. 무어먼은 '대중의 품위를 공공연하게 모욕한 예술'이라는 죄목으로 체포되었다. 작곡자이자 제작자인 남준도 함께 연행되었지만, 양복 차림으로 공연장에 점잖게 앉아 있었다는 이유로 풀려났다. 무어먼도 관객들이 모아 준 보석금으로 감옥에 가는 것은 면했다. 하지만 재판정에 서야 했다.

남준은 재판을 앞두고 사방으로 뛰어다녔다. 미국은 물론 유럽 예술가들에게도 도움을 청했다. 프랑스 시인이자 유명 정치 운동가인 장 자크 르벨에게 편지를 보냈다.

> 이렇게 고맙다는 답장을 늦게 보내는 나를
> 100000000000000000000000000번 용서해 주게나.
> 자네의
> 멋진 전보,
> 10000000000000000000000000000000번 고맙다네.

이렇게 시작하는 편지에서 남준은 뉴욕 주지사에게 무어먼의 사면을 요구하는 탄원서를 보내 달라고 부탁했다.

샬럿 무어먼이 유럽에서는 진지하고 역동적인 아방가르드 예술가로 존경받는다는 사실, 자네가 샬럿을 위해 파리 미 문화원에서 음악회를 열었다는 것, 그녀가 그 음악회에 알몸으로 등장했을 때 경찰이 간섭하지 않았다는 사실, 오히려 파리에서는 이 공연에 대한 평이 좋았고, 비평가들도 호의적이었다는 것, 전 세계 아방가르드 예술가들이 얼마나 분개하는지를 친절하면서도 단호하게 항의해 주게나.

재판이 다가왔지만 남준은 변호사비를 마련하지 못했다. 궁리 끝에 남준은 예술가다운 방법으로 이 문제를 해결하고자 했다.

"재판 기금 모금 연주회를 열자."

이 연주회에 가야금 연주자 황병기가 참여했다. 뉴욕에 왔던 그는 남준에게 전화를 걸었다. 그는 남준의 고등학교 후배로, 남준의 작은누나에게 가야금을 가르쳤다. 황병기의 전화를 받고, 남준은 그를 자기 아파트로 초대했다. 7~8대의 부서진 텔레비전, 사다리, 드럼통, 벌거벗은 마네킹이 뒹구는 아파트는 방이라기보다는 창고 같았다. 발 디딜 틈이 없었다.

"어떻게 앉아 봅시다."

남준은 두리번거리며 앉을 자리를 찾았다. 다행히 황병기는 앉을 데를 찾았지만 남준은 선 채 이야기를 해야 했다. 오랜만에 한국인을 만난 남준은 신나게 이야기꽃을 피웠다. 재판 기금 모금 연주회를 도와달라는 말도 꺼냈다. 황병기는 흔쾌히 받아들였다.

한복 차림의 황병기는 가야금을 연주했다. 비키니 수영복을 입은 무어먼은 커다랗고 까만 자루를 들고 나왔다. 가야금 소리를 배경으로, 무어먼은 자루의 지퍼를 열고 안으로 들어갔다. 그리고 가야금 소리에 맞춰 무대를 굴러다녔다. 가끔 지퍼를 열고 밖을 내다보거나 팔다리를 내밀었다가 집어넣었다. 황병기는 꿋꿋하게 가야금을 연주했다. 황병기는 기발한 아이디어가 넘치는 연주회를 한껏 즐겼다고 했다. 그러나 연주가 끝나자 남준은 다소 엉뚱한 소감을 말했다.

"미스터 황, 사실 이번 연주회는 엉망이었소. 난 아무래도 알프스 산에 들어가서 『삼국지』를 읽어야겠소."

언뜻 납득이 가지 않는 얘기였다. 왜 하필 알프스에서 『삼국지』를 읽겠다는 건지. 그 까닭은 남준만이 알 것이었다. 남준은 농담을 즐겨 했다. 누군가 존 케이지에게 물었다.

"당장 죽으면 가장 아쉬운 게 뭔가요?"

"남준의 농담을 더 이상 듣지 못하게 되는 것이죠."

공연이 끝나고 남준은 황병기와 중국 식당에서 다시 만났다. 남준은 허리를 삐었다며 어기적어기적 걸어왔다. 그런데 등에 커다란 자루를 짊어지고 있었다.

"뭘 그렇게 힘들게 식당까지 가져오셨어요?"

"롱아일랜드의 친구에게 가는 길인데, 선물로 줄 거야. 별거 아닌데, 보고 싶으면 봐도 돼."

묵직한 자루를 푸니 그 안에 흙이 가득했다. 해변에서 퍼 온 흙이라고 했다. 기차를 타고 가서 이 흙을 선물하겠다고 말했다. 이 무거운 흙을 왜 선물로 주는지, 몇 시간 동안 기차를 타는 고생을 왜 하는지 알 수 없었다. 하지만 남준은 웃기만 했다.

결국 미국 법원은 무어먼에게 선고 유예 판결을 내렸다. 외설이 아닌 예술로 판정 내렸으니, 남준과 무어먼의 승리였다.

"그까짓 옷차림이 뭐라고 사람을 잡아넣어!"

무어먼은 복장을 제대로 갖추지 않았다는 이유로 갇혔다. 판사는 그녀의 연주가 "음악을 표현하기 위한 것이기보다는 자극적인 수단을 동원해 청중을 끌어들이고 흥분시키기 위한 것"이라고 비난했다. 남준은 예술가들의 정형화된 복장을 원숭이 복장 규범이라고 말했다.

"화가들은 하얀 작업복을 입고, 기자들은 고깃국 물이 밴 넥타이를 매고, 의사들은 캐딜락 광채가 나는 바지, 로큰롤 가수는 반짝거리는 셔츠, 은행원은 가는 세로줄 무늬 옷을 입고, 배우들은 폭이 넓은 넥타이를 매고, 여성 첼리스트는 드라큘라 부인 같은 상복을 입는 것같이, 우리는 전문 직업군의 사람들이 격식에 맞는 옷을 입어야 한다고 주장한다. 카살스가 바지를 벗고 연주하면 형편없는 연주자가 될 것인가."

형식적인 옷차림을 한 교향악단이 연주하는 음악만이 '진지한' 음악일 것이라는 믿음은 말이 안 된다. 바지를 입고 있는 음악가가 바지를 벗고 있는 음악가보다 더 나은 연주자라는 것도 말이 안 된다.

남준은 평소에도 옷차림에 거의 신경을 쓰지 않았다. 남들이 뭐라건 자기 편한 대로 입고 다니면 된다는 것이다. 흰색이나 푸른색 와이셔츠에는 물병이나 면도기, 칫솔, 치약이 꽂힌 커다란 호주머니가 달려 있었다. 머리는 부스스하고, 채플린처럼 헐렁한 바지를 걸쳤다. 발이 작은 남준은 천으로 만든 특수한 신발을 신었는데, 꼭 넝마로 만든 것처럼 보였다.

남준이 이런 옷차림을 하는 데에는 이유가 있었다. 남준은 오래전부터 배앓이를 해서 신문지 등으로 복부를 감싸야 그나마 견딜 만했다. 멜빵에 시계를 달고 다니는 건, 당뇨병 때문에 시간에 맞춰 식사와 약을 복용해야 하는데 건망증 때문에 자꾸 잊었기 때문이다. 와이셔츠의 물병도 당뇨병으로 인한 갈증 때문이었다.

이런 옷차림 때문에 여러 가지 사건들이 발생했다.

언젠가 남준이 약속 장소인 호텔에 들어가려고 하는데 도어맨이 막아섰다. 티셔츠 바람으로는 호텔에 들어가지 못한다는 것이다.

"그럼 옷을 벗고 들어가?"

"저희 호텔은 넥타이를 매지 않은 손님은 입장시키지 않습니다."

"뭔 뚱딴지 같은 소리야?"

도어맨은 남준의 앞을 가로막았다.

"좋아, 잠깐만 기다리라고."

남준은 지퍼를 열더니 가방 안을 뒤적였다. 다른 티셔츠를 꺼내 갈아입었다. 멀리서 지켜보던 도어맨이 다시 남준을 불러 세웠다.

"손님, 저희 호텔은 넥타이를……."

남준은 씩 웃으며 티셔츠를 가리켰다. 티셔츠 앞에는 넥타이가 프린트되어 있었다. 도어맨은 눈을 끔뻑거렸다.

“봤지, 내 넥타이.”

남준은 할 말을 잃은 도어맨을 뒤로하고 호텔로 들어갔다.

장관을 만나러 갔다가 경비원에게 쫓겨난 일도 있었다. 경비원은 남준이 거지인 줄 알았다고 했다.

남준은 밀라노 미술관 뒤뜰에서 신문지를 뒤집어쓰고 쿨쿨 잠들었다. 관객들은 남준을 보고 투덜거렸다.

“이 중요한 날에 노숙자가 미술관 마당에서 코를 골다니.”

그날은 백남준의 전시회 개막전이 있는 날이었다. 직원이 달려가 깨웠다.

“조용히 해.”

남준은 몸을 웅크리고 잠을 청했다. 결국 박물관 남자 직원까지 달려 나왔다. 직원이 신문을 벗겨 내자, 남준은 부스스 일어나며 머리를 긁적였다.

“미안합니다. 시차가 안 맞아서 계속 잠이 오는 통에 그만…….
하지만 못 올 사람이 온 건 아니니까.”

사람들은 그제야 그 노숙자가 전시회의 주인공인 백남준이라는 걸 알게 되었다.

남준이 그런 옷차림을 한 건 건망증 때문이기도 했다. 그는 와이셔츠 양쪽에 커다란 앞주머니 두 개를 달고 물병 등 웬만한 것은 거기 집어넣고 다녔다. 워낙 뭔가를 잘 잊어버리기 때문이었다. 남준은 기억력이 좋았지만 이상하게도 물건을 잘 흘리고 다녔다.

남준의 기억력은 비상하기로 유명했다. 그는 전화번호 수첩이 아예 없었다. 지인들의 전화번호를 모조리 외웠기 때문이다. 중요한 역사적 사건, 특히 프랑스와 중국 혁명과 관련된 일들은 어느 해에 일어났는지 다 기억했다. 한번은 미술관을 찾아갔는데 거기서 일하는 열네 명의 큐레이터가 모두 현관에 나가 남준을 맞았다. 남준은 짤막하게 인사를 하고 통성명을 했다. 몇 분에 걸친 만남이었다. 일 년 뒤 이 미술관을 다시 찾아온 남준은 예전에 봤던 열네 명의 이름을 모두 기억해 냈다고 한다. 곁에 있던 미술평론가는 "백남준은 인간도 아니다"라며 혀를 내둘렀다.

남준은 한국어, 일어는 물론이고 독어, 영어, 불어, 중국어 등 여섯 개 언어를 구사했다. 그중 일어는 모국어처럼 구사했다. 독어와 영어는 의사소통이 가능했고, 두 나라 언어로 책도 썼다. 불어는 중급, 중국어는 사전을 찾으며 원서를 읽을 수 있었다.

이토록 기억력이 비상했지만 소지품 챙기는 데에는 어린아이보다 칠칠치 못했다. 항상 뭔가를 잃어버리고 다녔다. 책을 가지고 나가면 십중팔구 빈손으로 돌아왔고, 어디다 두고 왔는지 전혀 기억하지 못했다. 다른 사람 손에 들어가면 통장의 돈마저 빼내 갈 수 있는 수표책도 자주 흘리고 다녀, 이웃 사람이 발견해 돌려준 경우도 있었다. 걸핏하면 뭔가를 잃어버리거나 빼먹는 습성은 물건에만 그치지 않았다. 작곡할 때에도 발휘되었다. 그는 평생에 걸쳐 여섯 개의 교향곡을 작곡했는데 어찌 된 영문인지 3번은 없었다.

"3번을 작곡하는 걸 잊었다. 그냥 그렇게 됐다."

훗날 그는 친구인 미국의 작곡가에게 자기 이름으로 교향곡 3번을 작곡해 달라고 부탁했다.

중요한 사안이 생기면 자기가 결정을 내리려 하지 않는 것도 남준의 특징이었다. 창작할 때 빼놓고는 뭐든 딱 부러지게 결정하지 못했다. 그러나 뭔가 새로운 것을 만들어 낼 때는 무서울 정도로 과감하고 집요했다.

달은 가장 오래된 텔레비전

1965년 남준은 미국에서의 첫 개인전을 선보였다. 전시를 앞두고 화랑 주인이 준비가 잘돼 가는지 살피러 왔다. 전선이 깔린 화랑 바닥과 사방에 널린 전기 기구를 보고 화랑 주인은 깜짝 놀랐다. 예술품 전시회장이 아니라 전자 제품 대리점 같았다.

'도대체 뭘 만들기에 이러는 거야?'

구불구불 늘어진 전선을 피해 가며 남준을 찾았다. 기름이 밴 허름한 멜빵바지를 입고 턱밑에 수염이 까칠한 남준은 예술가가 아니라 텔레비전을 고치는 기술자처럼 보였다.

"그러다 감전이라도 당하면 어쩌려고."

화랑 주인의 걱정에도 불구하고, 남준은 화랑에서 웅크리고 자면서 전시 준비를 했다. 일이 잘될 때면 한국 노래도 흥얼거렸다.

전시회가 시작되었다. 텔레비전 앞에는 커다란 말굽자석이 매달렸다. 관객이 말굽자석을 브라운관에 갖다 대면 화면이 변했다. 일본에서 전자 기술자들과 일할 때 얻어 낸 아이디어였다. 일본 기술자들은 브라운관을 검사할 때 자석을 갖다 댔다. 자석을 움직이면 그에 따라 화면이 변했다.

남준은 흑백텔레비전 위에 묵직한 강철 말굽자석을 놓았다. 자석이 잡아당기는 힘으로 화면 속 이미지가 변했다. 컬러텔레비전은 화면 앞 아래쪽 모서리에 자석을 놓았다. 적색, 청색, 녹색이 점과 같은 모양으로 선을 만들어 낸다. 색은 무늬를 만들었다. 자석과 가까운 부분에서는 갈라지고 화면 가운데에서는 둥글게 뭉쳤다.

〈마그네틱 TV〉는 남준의 첫 번째 성공작이었다. 이전의 작업은 내부 회로에 조작을 한 것이어서 도대체 무슨 일을 한 것인지 알아보기 힘들었다. 사람들은 그저 뭔가 기술적인 일을 했나 보다 여겼다. 하지만 〈마그네틱 TV〉는 어떤 기술이 쓰였는지 금세 알 수 있었다. 말굽자석을 움직일 때마다 화면이 변하니 말이다.

관람객이 하루에 몇백 명씩 몰려들었다. 이 개인전에서 〈로봇 K456〉이 첫선을 보였다. 이후로 로봇은 남준의 개인전마다 등장했다.

남준은 〈참여 TV〉도 만들었다. 〈참여 TV〉는 말 그대로 보는 사람이 텔레비전 화면을 창조해 내는 것이다. 우리는 그저 텔레비전이 내보내는 화면을 일방적으로 받아들인다. 한쪽은 보여 주고 말하며, 다른 쪽은 그저 보고 듣기만 한다. '소통'이라고 말하기 어려웠다. 일방적인 명령이나 제시에 불과하다. 소통은 서로 주고받는 것이다. 남준은 텔레비전을 자석, 음악, 코일로 변형시켰다. 텔레비전이 내보내는 영상을 조작함으로써 텔레비전을 수동적 매체가 아니라 능동적인 매체로 탈바꿈시켰다.

"사람들은 이미 서 25번가 459호, 혹은 동 69번가 69호에 살기보다는 채널 2, 4, 7번 혹은 13번 속에 살기 시작했는데, 그 채널들은 대중으로부터 너무나 높은 곳에 자리 잡고 있다."

남준은 텔레비전과 비디오가 소통의 수단이라고 생각했다. 비디오에 대한 철저한 연구는 말에 대한 연구로 시작되어야 한다. 여기서 말은 타는 말(馬)과 사람이 하는 말(言)을 아우른다.

"약 3000만 년 전, 유원인들은 야행 동물이기를 그치고 그들의 숲을 떠나 여기저기 돌아다녔다. 몽골 역사 전문가의 말에 따르면, 말은 기원전 1000년경에 처음으로 길들여졌다고 한다. 기원전 1000년경에 인간이 갑작스럽게 진보한 이유는 '말'을 길들인 데서 비롯된다. 말은 전쟁과 수송의 방식을 근본적으로 변화시켰을 뿐만 아니라 통신도 변화시켰다. 1863년 전화가 발명되기 전까지는 말이 가장 빠른 통신 수단이었다. 사람들은 급한 소식을 전하려고

파발마를 보냈다.

그리고 말(言)을 통해서도 인간은 발전해 왔다. 남준은 소문을 인류가 발명한 영혼의 신비로운 새이며 라디오라고 했다. 텔레비전과 비디오는 새로운 기술에 기초한 새로운 소통 양식이다. 남준은 텔레비전을 조작 가능한 물건으로 만듦으로써, 보는 사람이 텔레비전에 영향을 끼칠 수 있게 했다. 텔레비전과 사람이 이야기를 주고받게 되는 것으로, 일방향 소통이 쌍방향 소통으로 변한다.

이 전시회에 출품되었던 〈참여 TV〉를 건축 설계사가 500달러에 구입하여 뉴욕의 쇼핑몰에 설치하였다. 남준은 처음으로 자신의 비디오 작품을 팔게 되었다. 쇼핑을 나온 주민들은 처음으로 비디오 아트를 접했다. 박수를 치면 재미있는 영상이 나오는 이 텔레비전은 금방 쇼핑센터의 명물이 되었다.

1965년 휴대용 캠코더가 발명되었다. '반 인치의 혁명'이라 불리는 비디오카메라의 발명은 남준의 예술에 새로운 길을 열어 주었다.

1965년 10월 4일 캠코더가 시판되던 첫날, 남준은 뉴욕의 한 가게로 가서 소니사의 휴대용 캠코더를 샀다. 그리고 그날 집으로 돌아오는 차 안에서 교황 바오로 6세의 뉴욕 방문 기념 행진을 찍었다. 그날 저녁, 녹화한 비디오테이프를 예술가 클럽에서 선보였다.

"예술과 기술에서 무엇보다 중요한 것은 또 다른 과학적 장난감

을 발명하는 것이 아니라, 너무 빠르게 변화하는 전자 표현적인 방
식을 인간적으로 만드는 일이다.”

비디오 아트에서 시간은 중요한 요소다. 남준은 자신의 비디오
아트를 ‘시간 예술’이라 부르기도 했다. 비디오에는 되감기, 빨리
감기, 정지 버튼이 있다. 하지만 우리 삶은 시간에 따라 또박또박
흘러간다. 되감을 수도 빨리 감을 수도 정지시킬 수도 없다. 남준은
어떤 글에서 “마흔일곱 살 때 가난한 뉴욕 예술가로 살 걸 스물다
섯 살 때 알았다면 계획을 다르게 세웠을 거”라고 말한 바 있다. 남
준은 비디오 작품에 ‘시간’을 담고자 했다.

미술사에서 많은 화가들이 여러 가지 시도들을 했다. 너무나 많
은 시도들이 있었지만 모두 제한된 틀 안에서 움직일 수밖에 없었
다. 남준은 회화를 한 걸음 나아가게 하는 일은 시간을 끌어들이는
것이라고 생각했다. 액자 속의 그림은 움직이지 않는다. 거기에 어
떻게 시간을 녹여 낼 수 있을까?

1977년 남준은 〈텔레비전 시계〉를 만들었다. 텔레비전 화면의 주
사선이 마치 시곗바늘처럼 각각 다른 시간을 가리키게 한 것이다.

〈텔레비전은 달〉은 달의 변화로 시간의 흐름을 보여 준다. 열두
대의 텔레비전은 초승달에서 보름달까지 달의 변화를 담아 냈다.
마지막 보름달에서는 기러기가 달 주변을 너울너울 날아다닌다.
남준은 해보다는 은은한 달을 더 좋아했다. 우리는 아주 오래전에

달을 보며 시간의 흐름을 알았고 음력을 사용해 왔다.

남준은 〈달은 가장 오래된 텔레비전이다〉란 작품을 만들기도 했다. 검은 하늘에 떠 있는 둥근 화면을 보며 사람들은 여러 가지 상상을 했다. 저 안에 토끼가 방아를 찧고 있다. 달의 여신이 베를 짜고 있다.

남준은 아이디어를 만들어 내는 걸 좋아했다. 그래서 그의 작품을 보면 어떻게 저런 걸 생각해 냈지? 라고 감탄하게 된다. 그런 상상력은 어디서 왔을까? 일단 남준은 어디서든 책을 놓지 않았다. 동양 고전에서부터 전문적인 경제 서적까지 닥치는 대로 읽어 댔다. 백과사전도 옆에 가져다 두고 틈틈이 읽었다. 특히 『논어』와 『맹자』를 즐겨 읽었다. 너무 책을 좋아한 나머지 다른 사람과 함께 있을 때에도 책장에 코를 박아 원망을 사기도 했다. 시계코는 질색을 했다. 매일 바지를 발밑까지 내린 채 변기에 앉아 하루에 두 시간씩 신문, 잡지를 읽곤 했다. 그는 여덟 개의 주간지와 네 개의 월간지, 세 개의 일간지를 읽었다. 아침에 늦게 일어나 침대 위에서 뒹굴거리며 신문을 뒤적거려 아이디어를 찾았다.

남준은 캘리포니아에서 학생들을 가르치게 되었다. 매달 월급을 받으니 살림살이가 나아졌다. 별명이 딱정벌레 차인 중고차도 사 들였다. 차는 낡아서 운전석 발아래가 뻥 뚫려 있었다. 도로를 달리다 밑을 내려다보면 길바닥이 휙휙 지나갔다. 자칫 몸이 아래로 빠질 수 있으니 정신을 바짝 차려야 했다. 졸거나 발을 잘못 디디면 길바닥에 떨어질 터였다.

캘리포니아는 햇빛이 찬란한 도시였다. 하루하루가 달콤하고 즐거웠다. 하지만 머리가 멍해지고 몸은 나른해졌다. 예술가에게 치명적이었다. 치열함에 대한 향수가 되살아났다.

시게코는 남준에게 캘리포니아를 떠나자고 했다.

"여기서 평생 선생으로 살다 죽을 거예요? 학교에서 학생을 가르치는 건 창조적이지 않아요. 이제 우리 뉴욕으로 돌아가 다시 창작을 해요."

뉴욕으로 돌아오자 궁핍한 생활이 다시 시작되었다. 가난한 예술가들에게 빌려 주는 아파트를 얻으러 갔지만, 아이가 없다는 이유로 방이 없는 작은 스튜디오만 얻을 수 있었다.

비디오, 예술가의 캔버스

누군가 말했다. "비디오를 발명한 것은 미국인이고, 그것을 홈 비디오로 만든 것은 일본인이고, 그것을 다시 예술로 만든 것은 한국인이다"라고. 남준은 단순하게 비디오 아트의 개척자로 머물지 않았다. 그는 비디오가 현실을 그대로 담아 내는 것으로 그쳐서는 안 된다고 생각했다. 그렇다면 텔레비전 화면이랑 다를 바가 없다. 비디오로 펼칠 새로운 세계가 있지 않을까. 현실의 거울이 되기보다는, 예술가의 캔버스로 만들고자 했다. 지금은 컴퓨터가 이런 일을 담당한다. 하지만 1960년대 후반까지만 해도 컴퓨터에 의한 이미지 합성은 불가능했다. 컴퓨터 자체가 드물었고, 몸체도 커서 자유자재로 움직이며 사용하기도 어려웠다. 기술이 개발되지 않아, 컴퓨터를 이용한 이미지 합성은 제한되어 있었다.

비디오는 주로 다큐멘터리 영상을 담는다. 일어난 일, 있는 것을 그대로 찍어 보여 준다. 남준은 다큐멘터리 테이프와 같은 사실적인 이미지들을 보다 아름답고 컬러풀한 영상물로 만들어 내고 싶었다. 텔레비전 방송용으로 녹화된 비디오 이미지와 다른 예술 비디오를 만들자는 것이다. 남준은 신시사이저(비디오 아트의 영상 제작 기계)를 개발하기로 마음먹었다. 이런 기계가 있다면, 비디오 작가들뿐만 아니라 방송국과 영화사에서도 특수 제작에 사용할 수 있을 거라고 생각했다.

1969년에서 1970년 초까지 그는 보스턴 텔레비전 스튜디오에서 일본의 기술자 아베 슈야와 연구를 했다. 남준은 보스턴 텔레비전 방송국을 슈베르트가 교향곡을 작곡하기 위해 머물렀던 다락방에 빗댔다. 새로운 예술을 잉태시키는 산실로 여긴 것이다.

1970년 드디어 '백-아베 신시사이저'가 탄생했다. 이 신시사이저로는 촬영한 이미지를 변형, 왜곡, 채색하는 것이 가능했다. 남준은 비디오 신시사이저 개발을 달마의 고행에 비교하였다.

"우리는 달마 승이야."

중국 선종의 시조인 달마는 9년 동안 화장실도 가지 않고 좌선과 명상을 했다. 그의 옆에 쌓인 배설물이 결국 그의 사지를 녹여 버렸고, 달마는 다리가 없는 부처로 숭배되었다고 한다. 달마가 9년간을 꼼짝 않고 좌선하느라 배설물이 다리를 녹여 좌상의 부처가 되고 득도하였듯이, 남준은 자신의 신시사이저 발명도 9년간의 'TV 배설물'의 축적이라고 한다.

남준은 자석으로 텔레비전 화면을 변형시켰듯이, 이 기계로 비디오 이미지를 변형시킬 수 있게 만들었다. 신시사이저는 다양한 색채와 이미지를 만들어 냈다. 비디오가 찍은 흑백 이미지는 무지개 색으로 변한다. 영상은 원래 모습에서 형태를 바꾼다. 다양한 형식과 패턴이 가능했다.

'백-아베 신시사이저'는 1970년 여름 〈비디오 공동체〉라는 네 시간짜리 생방송에서 처음으로 선보였다.

"역사적인 순간이야. 그러니까 증인이 필요해."

남준은 밖으로 나가더니 누군가를 데려왔다. 누구냐고 물으니, 이 앞을 지나가던 사람이라고 했다. 남준은 그 행인에게 생방송의 증인이 되어 달라고 부탁했다.

방송이 시작되었다.

비틀스의 음악이 흘러나왔다. 남준이 만들어 낸 이미지들이 각 가정으로 전달되었다. 화면은 일그러지고, 추상적인 무늬들이 등장했다. 멀쩡한 화면에 이상한 그림들이 등장하니 시청자들은 어리둥절했다. 방송 사고라고도 생각했다. 방송국으로 전화가 빗발쳤다. 어떤 사람은 여기 사용된 신기술이 뭐냐고 물어 왔다.

남준은 흥분한 목소리로 말했다.

"비디오 합성기의 개발로 텔레비전 스크린을 이제 캔버스로 사용할 수 있다. 레오나르도 다빈치처럼 정확하게, 피카소처럼 자유롭게, 르누아르처럼 화려한 색채로, 몬드리안처럼 심오하게, 폴록처럼 격렬하게, 재스퍼 존스처럼 서정적으로."

남준의 비디오 신시사이저는 그의 작품 〈글로벌 그루브(Global Groove)〉에서 위력을 발휘했다. '그루브'는 축을 의미했고, 남준은 전 세계를 연결시켜 줄 수 있는 건 '음악'이라고 생각했다. 각 나라마다 사용하는 언어는 다르다. 하지만 음악만큼은 모두 듣고 즐길 수 있다. 이 작품에서 남준은 비언어적인 소통 방식인 음악과 무용을 축으로 삼았다.

남준은 다양한 이미지들을 합성기에 넣어 변형시켰다. 이 비디오테이프에는 다양한 전자 이미지들이 등장했다. 사물놀이에 맞춰 전통 무용을 선보이는 사람들, 무어먼이 〈TV첼로〉를 연주하는 모습, 일본의 펩시콜라 광고, 미국 대통령의 뒤틀린 얼굴, 불타는 피아노, 록 음악에 맞춰 춤추는 여자들 등등이 현란하게 지나갔다. 남준은 예전에 녹음테이프를 만들 때 썼던 콜라주 기법을 비디오테이프를 만들 때 사용한 것이다. 서로 어떤 관계인지 모를 이미지들이 이어 붙여져 빠른 속도로 지나갔다. 이미지들이 너무 빨리 휙휙 지나가 뭘 말하는지 파악하기 어려웠다. 독일의 어느 비평가는 이를 두고 "하이테크가 부리는 이미지의 농간"이라고 꼬집기도 했다. 하지만 남준은 부러 화면의 속도를 빨리한 것이다. 텔레비전 화면은 언제나 비슷비슷한 속도로 흘러갔다. 시청자들이 보기 편한 속도로만 방송된다. 남준은 속도를 달리하여 방송 화면과 다른 화면을 만들어 내고자 한 것이다.

이미지들은 음악에 따라 리드미컬하게 움직였다. 음악이 움직임을 낳았다. 청각에 반응하는 시각적 이미지가 탄생했던 것이다. 곧 청각의 시각화였다. 들을 수 있는 그림이 탄생한 것이다. 남준의 이 비디오테이프는 10년 뒤에나 등장할 뮤직비디오의 형님뻘인 작품이었다. 그저 현실을 담아 내는 비디오에서 벗어나, 예술적인 화면이 펼쳐졌다.

이 작품의 첫머리에서 미국의 유명한 방송 프로듀서는 다음과 같이 말한다.

"세계의 모든 텔레비전을 집 안에서 볼 수 있을 때가 되면 여러분은 드디어 세상을 골고루 바라볼 수 있을 것이다. 이때쯤 되면 TV 가이드는 맨해튼의 전화번호부보다 두꺼워질 것이다."

당시에는 꿈과 같은 얘기였지만, 케이블 텔레비전이나 인공위성 방송, 디지털 방송까지 등장한 오늘날 이 예언은 상당 부분 현실화되었다. 남준은 '글로벌 그루브'의 의미를 설명하는 글에서 "새로운 '정보 고속 도로'는 대륙적 인공위성뿐만 아니라 강력한 전송망

으로 작동되는 텔레커뮤니케이션 네트워크이며, 레이저빔과 광섬
유에 의해 구축될 것이다"라고 했다. 남준은 예언가처럼 미래를 내
다본 것이다.

"오늘날 예술가들은 붓과 바이올린, 폐품으로 작업하지만, 미래
에는 반도체와 저항기로 작업할 것이다."

얼렁뚱땅 결혼식

남준은 마흔다섯 살이 되던 해, 오랫동안 함께 지내 온 애인 구보타 시게코와 결혼식을 올렸다. 구보타 시게코는 1937년 일본의 니가타 현의 작은 시골 마을에서 태어났다. 어머니가 시게코를 낳을 때 아버지는 테니스장에 있었다고 한다. 아버지는 테니스를 치다 딸이 태어났다는 소식을 들었다.

"또 딸이냐."

아버지는 한숨을 내쉬었다.

시게코의 아버지는 고등학교 교사였고, 어머니는 부잣집 딸이었다. 시게코의 외할아버지는 일본 묵화 화가였는데, 어릴 적부터 유달리 몸이 약해 부모가 "넌 돈 벌 필요 없이 하고 싶은 것만 해라"

라고 했다. 외할아버지는 한평생 일하지 않고 원 없이 그림만 그렸다. 외할아버지는 딸들의 교육에도 관대해서 어머니와 이모들은 모두 대학을 마쳤다. 남녀 차별이 극심했던 당시 일본 사회의 분위기에서 흔치 않은 일이었다.

선생님이었던 시게코의 아버지는 3~4년마다 학교를 옮겨 다녀야 했다. 아버지가 학교를 옮길 때마다 시게코도 전학을 다녀야 했다. 초등학교 4학년 때는 한적한 시골 마을에서 자랐다. 산에 올라가 버섯을 땄고 감 서리도 했다. 고등학생 때는 바닷가에서 살아서 조개를 줍고 모래밭을 뛰어다녔다. 그녀는 '니카타 벌판의 원숭이'처럼 자랐다고 한다. 외할아버지에게 예술가의 기질을 물려받은 시게코는, 원치 않은 딸이란 설움이 겹쳐서 잡초처럼 자랐다. 어머니는 '싫어요'라고 말할 줄 모르는 순종적인 언니와 시게코를 비교함으로써, 둘째 딸의 반항적 기질을 북돋았다.

시게코는 고등학교 시절부터 미술 레슨을 받았다. 선생님은 대학생보다 실력이 뛰어나니 미전에 출품해 보라고 권했다. 고등학교 2학년 때 캔버스에 그린 20호짜리 〈해바라기〉 유화로 입선했다. 시골 마을 여고생이 전국적인 중앙 미술전에서 입선했다는 기사가 신문에 실리기도 했다. 고등학교 시절 조각가인 미술 선생의 영향을 받아, 시게코는 도쿄 교육대학 조소과에 입학했다. 하지만 자유분방하고 반항적인 시게코는 미술 교사를 길러 내는 학교에 맞지 않았다.

시게코는 교실에 있기보다는 동물원에 가기를 좋아했다. 우에노 공원의 동물원으로 달려가 동물 우리를 기웃거리곤 했다. 자유롭고 유쾌한 분위기에서 동물을 스케치하는 것이 우중충한 강의실에 앉아 따분한 수업을 듣는 것보다 좋았다. 졸업한 뒤 중학교 미술 교사가 되었다. 하지만 미술에 대한 열정이 마음속에 들끓었다.

구보타 시게코가 남준을 처음 만난 건 1964년 도쿄 쇼게츠 홀에서였다. 처음엔 어느 젊은 미치광이 작곡가의 발표회라고 생각하고 구경을 갔다고 한다. 남준이 심드렁하게 존 케이지의 연주회에 구경을 갔듯이 말이다. 남준은 피아노를 부수고 피아노 페달을 먹기까지 했다.

공연을 보고 시게코는 남준이 세계적인 예술가가 될 것임을 알아보았다. 170센티미터 안팎의 호리호리한 몸매, 날렵한 턱선, 높은 콧날, 꾹 다문 입술의 이 한국인이 언젠가 세계적인 예술가가 될 거라고 확신했다. 신문에 나온 남준의 사진을 보고 시게코는 외쳤다.

"나는 이 사람이랑 꼭 결혼하고 말 테야."

공연이 끝나고 시게코는 친구들과 함께 남준을 만났다. 남준은 시게코가 자기 여동생과 많이 닮았다고 했다. 남준보다 다섯 살 어린 여동생은 태어난 지 얼마 되지 않아 세상을 떠났다.

"조각을 하세요? 언제 작업실로 찾아갈게요."

남준이야 인사치레로 한 말인지 몰라도, 시게코는 몹시 반가워했다. 남준은 시게코가 전시회를 열었을 때 실제로 방문하여 칭찬하고 작품에 대해 꼼꼼하게 평을 했다. 그들은 급속도로 가까워졌다. 이때 남준은 서른하나, 시게코는 스물여섯 살이었다.

남준은 뉴욕으로 가고, 시게코는 마키우나스의 초대로 뉴욕에 가게 되었다. 둘은 뉴욕에서 재회했고, 같은 플럭서스 예술가로 활동했다.

1969년 밤 열두 시가 넘은 시간에 남준은 시게코를 찾아갔다. 방문을 두드리는 소리에 시게코는 눈을 비비며 문을 열었다. 문 밖에 남준이 서 있었다.

"300달러만 빌려 줘. 프린터를 사야 돼."

포스터를 인쇄해야 하는데 프린터를 살 돈이 없다는 것이었다. 시게코는 한숨을 쉬었다. 아무리 그래도 한밤중에 돈을 빌리러 오다니.

"그럼 내일 아침 아홉 시에 6번가로 나와요."

300달러는 두어 달 생활비였고, 시게코의 전 재산이었다. 언제 받을지도 모르는 돈을 앞뒤 생각 없이 주기로 마음먹었다. 뉴욕에는 대낮에도 소매치기와 강도들이 활보하고 다녔다. 현금을 많이 들고 다니면 도둑을 맞을까 겁이 나, 시게코는 스타킹 속에 현금을 숨기고 약속 장소로 나갔다. 주변에 사람이 있나 확인하고 잽싸게 300달러를 꺼내 건넸다. 남준은 돈을 받아 들더니 황급히 사라졌다. 시게코는 남준의 예술 작업에 보탬이 되었다고 뿌듯해했다.

"그래, 프린터는 잘 샀어요?"

"아니."

시게코가 돈을 어떻게 했느냐고 물었다.

"가다가 너무 배가 고파서 식당에 가서 햄과 달걀부터 시켜 먹었어. 그런데 너무 졸린 거야. 그래서 오후 세 시까지 잤어."

당장 숨이 넘어갈 것같이 하소연해 돈을 빌려 줬건만. 시게코는 어이가 없었다.

플럭서스 예술가로 함께 활동하던 두 사람은 공장이었던 건물에서 함께 살게 된다. 같은 예술가로서 시게코는 남준의 작업에 많은 도움을 주었다.

"텔레비전 안에서만 작업하지 말고 밖에도 신경을 써 봐요."

아무런 장식이나 치장 없이 상표가 보이게 하니, 특정 회사에서 돈을 받고 작업하는 게 아니냐는 오해를 받던 터였다. 시게코의 충고에 따라 남준은 텔레비전을 나무 박스에 담아 작업했다.

조각을 전공한 시게코의 도움으로 남준은 비디오 조각을 시작한다. 크고 작은 TV를 쌓아 올려 작품을 만든 것이다. 퍼포먼스는 일회성으로 끝난다. 공연이 끝나면 모두 사라지고 만다. 하지만 비디오로 오브제를 만들면 박물관에 소장할 수도 있고 팔 수도 있다. 셈 속 어두운 남준이었지만, 새로운 작품을 만들려면 많은 텔레비전이 필요했고 그러려면 돈을 벌어야 했다.

남준이 미술 교육을 받지 않았다고 좌절하면 시게코는 정규 미술 교육을 받지 않은 것이 장점이라고 말했다.

"당신이 전통적인 미술을 배우지 않았기에 낡아 빠진 굴레에서 자유로울 수 있고, 그렇기에 더욱 독창적이고 창조적인 것들을 만들어 낼 수 있는 거예요."

아버지가 돌아가신 뒤 남준의 주머니 사정은 더 나빠졌다. 형들마저 사업이 잘 풀리지 않았고 재산은 점점 줄어들었다. 경제적 어려움을 이겨 내고자 남준은 일본으로 가서 형들에게 도움을 청했다. 형들은 마지막 선물이라며 1만 달러란 당시로서는 거금을 남준에게 주었다. 그는 며칠 동안 그 돈으로 뭘 할까 궁리하다가 맨해튼 시내 골동품 가게에서 불상을 사 왔다. 먹고 살기도 빠듯한 마당에 골동품 불상이라니. 함께 살던 시게코는 화가 치밀었다. 시게코가 뭐라고 하자 남준은 툴툴거렸다.

"어머니가 그랬어, 돈은 물처럼 써야 한다고."

당장 밥값, 월세도 없는 마당에 돈을 물처럼 쓴다니 말이 되나.

"난 예술가야! 돈에는 관심이 없는 사람이라고. 내가 부자이면 어떻게 예술가가 됐겠어! 당신이 안락한 삶을 원했다면 완전히 사람 잘못 본 거야!"

돈에 신경을 쓰지 않는 성격 탓에 주변 사람들에게 사기도 많이 당했다. 작품을 만드는 과정에서 재료비와 작업비 등을 턱없이 요구하는 경우도 많았다. 셈에 무심한 남준은 결과에만 집착했지 얼마가 들든 개의치 않았다. 작품 창작과 관련해서는 돈을 물 쓰듯이 했다. 수백 대의 텔레비전을 사들이고, 최고의 기술자와 일했다.

1960년대 중반에 본격적으로 비디오 아트에 빠져들게 된 남준은, 주머니에 얼마가 있는지 따져 보지도 않고 돈만 생기면 텔레비전을 사들였다. 때론 300대 이상을 한꺼번에 산 적도 있었다.

"저 집은 텔레비전 수리 센터를 하나 봐."

얼마나 많은 고물 텔레비전을 사들였던지 이웃 사람은 그렇게 착각했다.

"저기요, 이 텔레비전 좀 봐 주세요."

다른 이웃은 고장 난 텔레비전을 안고 찾아오기도 했다.

배가 볼록 나온 브라운관 텔레비전은 무게도 만만치 않아 옮기는 것도 중노동이었다. 엘리베이터가 없으니 수백 대의 텔레비전을 안고 계단을 오르내려야 했다. 시게코는 남준과 함께 텔레비전을 나르다 몸이 아플 때도 많았다.

시게코의 자궁에 악성 종양이 생겼다. 수술비와 치료비 때문에 일본으로 돌아가야 했다. 일본으로 돌아갈 준비를 하는 시게코에게 남준은 청혼을 했다.

"병들어서 일본으로 가겠다는데, 결혼하자고? 당신, 제정신이에요?"

함께 오랫동안 지내면서도 남준은 결혼은 하고 싶지 않다고 말했었다. 하지만 이제 병원비 때문에 결혼하자고 나선 것이다. 방송국에서 일할 때 들었던 보험이 있어서 결혼을 하면 그걸로 치료비를 댈 수 있다고 했다. 병을 고치려면 자궁을 들어내야 했다. 그러면 영영 아이를 낳을 수 없다.

"괜찮아, 시게코. 난 아이 가질 생각이 없어. 예술 하고 작품 만드는 시간도 모자라. 그리고 나 닮은 아이가 태어나면 골치만 아프지, 뭐."

하루라도 빨리 결혼해야 치료를 받는다며, 남준은 다음 날 시게코와 뉴욕 시청으로 갔다. 가장 값싸고 빠르게 결혼식을 올릴 수 있는 장소였다. 가난한 커플들이 줄지어 차례를 기다렸다. 남준은 양복에 넥타이를, 시게코는 검은색 재킷에 정장 바지 차림이었다. 증인인 필립이 넥타이를 매지 않은 걸 보고 남준은 자기 넥타이를 풀어 주었다. 앞이 보이지 않는 필립은 신부들에게서 나는 향수 냄새를 꽃향기로 착각하고 코를 벌름거렸다. 눈이 보이지 않는 증인이라니, 생각해 보면 어이없는 일이었다.

결혼식이 끝나고 남준과 시게코는 차이나타운의 중국집 ‘456’으로 향했다. 몸도 아프고 얼렁뚱땅 결혼식을 치렀으니 시게코의 표정은 어두웠다.

“이 결혼은 엄청 축복받은 결혼이라고.”

남준의 말에도 시게코의 기분은 나아지질 않았다.

“말도 안 되는 소리 마요.”

“아냐, 보라고.”

남준은 주머니에서 메모지를 꺼냈다. 메모지에 1부터 7까지 숫자를 썼다.

“이것 봐. 우리가 77년 3월 21일 결혼해서 456에서 저녁을 먹잖아. 1부터 7까지 숫자가 다 있어. 보통 일이 아니라니까.”

남준은 우겨 댔고, 시게코는 그저 웃기만 했다.

결혼식 다음 날 시게코는 병원에 입원해서 수술을 받았다.

뒤늦게 결혼 소식을 들은 친구들은 평생 결혼하지 않겠다고 하더니 어찌된 일이냐며 놀려 댔다.

“시게코가 나를 하도 쫓아다녀서 불쌍해서 결혼해 줬다.”

남준은 어깨를 으쓱거렸다. 하지만 아무에게도 의료 보험 얘기는 하지 않았다.

남준은 결혼하던 해부터 당뇨병으로 고생했다. 뜨겁게 달군 자갈을 가지고 다니며 몸을 보호했다.

“당뇨병에 걸려 힘들지 않으세요?”라고 물으면 남준은 이렇게 답했다.

“당뇨병이 생기면서 작품이 좋아졌어. 몸속의 당분이 뇌세포를 자극하거든.”

원래 남준은 아이처럼 단 걸 좋아했다. 케이크, 과자 등을 즐기고 커피엔 설탕을 듬뿍 넣어 마셨다. 채소는 멀리하고 고기를 즐겼다. 베이컨은 굽지 않고 날로 먹었다. 독일 유학 시절, 요리하기 귀찮아 날로 먹던 버릇이 수십 년째 계속된 것이다. 게다가 맛있는 거라면 자제할 줄 모르고 먹어 대는 대식가였다.

남들은 고기나 생선 중 하나만 골라 먹는데, 그는 회와 불고기를 함께 먹곤 했다.

“일을 하려면 많이 먹고 건강해야 하는 거야.”

하지만 술과 담배는 멀리했다. 젊었을 때 파티에 갔다가 칵테일 몇 잔을 마시고 다음 날 일어나지도 못하고 고생한 뒤부터였다. 그 이후로는 술잔을 입에 대지도 않았다고 한다.

TV는 비빔밥

남준은 '하늘을 나는 물고기'란 작품을 만들기로 했다. 전시장 천장에 모니터를 여러 대 매단다. 화면 속에서 물고기들이 오간다. 전시장 천장에서 물고기들이 떠다닌다.

"하늘에 둥둥 뜬 물고기라니, 그럴듯하지 않아?"

아이디어는 기발했지만 텔레비전을 살 돈이 없었다. 전시회는 코앞으로 닥쳐왔고, 남준은 하늘을 나는 물고기를 접어야 했다. 속상했지만 전시회를 취소할 순 없었다. 전시 공간에 뭔가 채워 두어야 했다. 며칠 동안 머리를 쥐어뜯다가 산책을 나섰다. 길을 가다가 예전에 사둔 부처상이 떠올랐다.

"그 부처상을 이번에 사용해 보는 건 어떨까?"

원래 계획했던 '하늘을 나는 물고기'만은 못하겠지만, 그 넓은 전시 공간을 비워 놓는 것보다는 부처님이라도 모셔 놓아야겠다고 결심했다.

남준의 대표작 〈TV 부처〉는 그렇게 탄생했다. 재료는 세 가지다. 부처 조각상과 텔레비전, 그리고 비디오카메라. 가부좌한 부처는 텔레비전 앞에 앉아 있고, 텔레비전 위의 비디오카메라는 부처의 모습을 찍는다. 텔레비전 화면에 비친 건 비디오카메라에 비친 부처상이다. 부처는 TV에 나온 자기 자신을 바라보고 있는 것이다.

소란스러움을 상징하는 텔레비전을 물끄러미 바라본다. 실제의 부처(부처상)가 텔레비전에 비친 부처를 보고, 그 텔레비전 속 부처를 보는 모습이 다시 텔레비전에 담긴다. 텔레비전 안의 부처와 텔레비전을 보는 부처는 뫼비우스의 띠처럼 얽인다. 장자가 꾼 나비 꿈 같았다. 어느 날 꿈에서 장자는 훨훨 날아다니는 호랑나비가 되었다. 꿈에서 깬 장자는 말했다. "내가 호랑나비가 된 꿈을 꾼 걸까, 호랑나비가 장자가 되는 꿈을 꾼 걸까?"

이 작품은 서양의 과학 기술과 동양의 명상 세계가 결합된 작품이란 평도 받았다. 동양 종교와 명상의 상징인 부처는 20세기 테크놀로지의 총아인 텔레비전과 마주 앉아 있다. 동양과 서양, 예술과 기술이 한자리에 모인다. 세상의 많은 예술가들은 우연찮게 걸작들을 탄생시키기도 한다. 만약 남준에게 돈이 충분했다면 〈TV 부처〉

는 태어나지 않았을 것이다. 많은 예술가들이 가난과 싸우며 힘든 제작 여건 속에서 만들어 낸 작품들이 훗날 걸작으로 기록되는 경우가 허다하다.

호평을 받은 〈TV 부처〉는 다양한 형태로 변형되어 전시되었다. 독일 베를린 전시에서는 부처가 돌에 둘러싸였다. 1982년 휘트니 미술관에서 부처는 흙 속에 묻힌다. 커다란 흙더미에 묻힌 부처는 카메라 속에서 땅의 새싹처럼 보였다. 반짝이는 화면은 땅의 눈처럼 보였다. 구겐하임 전시에서는 손으로 주물러 놓은 듯한 부처가 등장했다. 〈TV 부처〉는 〈TV 로댕〉과 한 쌍이었다. 부처가 동양적 명상을 상징한다면 로댕의 생각하는 사람은 서양의 명상을 상징한다. 로댕의 생각하는 사람은 텔레비전 위에 올라앉아 사색에 잠긴다. 부처와 로댕은 텔레비전을 보며 무슨 생각을 할까.

이번엔 기술과 자연이 만난다. 남준은 〈TV 정원〉에서 미술관에 숲을 만들고 그 속에 텔레비전을 배치했다. 원래 1974년에 기획되었는데, 열대 식물을 살 돈이 없어 텔레비전 수상기만 들여놓고 〈TV 바다〉로 전시했던 작품이었다. 미술 전시장에 숲을 끌어들이고 텔레비전을 틀어 놓은 이 작품은 자연 텔레비전의 원조가 된다. 푸른 잎의 화분이 가득 찬 전시 공간에 틈틈이 박힌 스물다섯 개의 수상기들이 〈글로벌 그루브〉의 현란한 장면들을 동시에 반영한다.

푸른 잎에 둘러싸인 화려한 화면들은 생동감 넘치는 꽃송이로 변한다.

남준은 미술관에 살아 있는 식물들을 풍성하게 들여놓고 그 사이사이에 하늘을 향하도록 텔레비전을 배치했다. 작품은 갤러리 천장으로 들어오는 자연광 밑에 설치하도록 계획되었다.

전시회 개막 바로 전날, 밤새도록 비가 쏟아졌다. 폭우 속에서 남준과 조수는 새벽 세 시까지 작업했다. 한참 작업을 하는데 비가 그쳤다.

"저기 좀 보세요, 선생님!"

남준은 고개를 들고 유리 천장을 올려다보았다. 구름 사이로 달빛이 쏟아져 내렸다. 밤하늘을 밝히는 달빛과 밑에서 반짝이는 텔레비전 이미지가 물기 어린 유리 천장에 어우러졌다. 남준은 조수에게 저게 바로 예술이라고 말했다.

"달빛은 높은 예술(high art)이고, 내 비디오는 낮은 예술(low art)이지."

정원에 꽃 대신 텔레비전들이 피어났다. 조용한 식물들의 정원에서 텔레비전들은 소음을 만들어 냈다. 관람객들은 전시장을 가득 메운 열대 식물 사이를 거닐었고, 그 사이사이에 꽃처럼 피어난 텔레비전 모니터를 바라보았다. 또 중간에 놓인 벤치에 앉아 텔레비전와 자연이 어우러진 풍경을 감상했다. 정원을 둘러싼 회랑에 가까이서, 멀리서 바라볼 수 있게 설계되었다. 텔레비전 화면은 빛을 발하는 꽃처럼 반짝거렸다. 〈TV 정원〉은 텔레비전도 자연과 어우러질 수 있다는 걸 보여 주었다.

자연과 텔레비전의 조화는 이듬해 제작된 〈물고기, 하늘을 날다〉와 〈비디오 물고기〉에서도 나타났다. 돈이 없어 만들지 못했던 작품을 비로소 완성시킨 것이다. 〈물고기, 하늘을 날다〉는 스무 개의 수상기들이 바닥을 향하며 천장에 매달려 있는 특이한 설치 작업이다. 환경 오염으로 더 이상 물속에 살 수 없는 물고기들을 하늘로 올려 날게 한 것이다. 이 공연의 부제는 '물고기는 이제 거의 하늘을 날지 않는다. 물고기가 다시 날게 하자'였다.

비디오테이프가 방영하는 물고기, 비행기, 댄서들의 나는 동작을 보기 위해 관중들은 바닥에 누워야 한다. 보통 미술관에 오면 내내 벽만 보지 천장은 거의 보지 않는다. 그런데 남준의 작품은 옆이나 앞이 아니라 위를 보게 만든 것이다. 누워야만 작품을 가장 잘 감상할 수 있다. 새로운 시각이 생긴 것이다. 미술관에서는 바닥에 매트를 깔아 관람자가 오래 관람할 수 있게 배려했다.

같은 해의 〈비디오 물고기〉에는 열다섯 대의 수족관이 설치되었고, 각각의 수족관 뒤에는 화면 크기가 거의 비슷한 텔레비전이 놓였다. '모니터가 수족관이 되고, 수족관이 모니터가 되는' 전시였다. 살아 있는 물고기와 전자 물고기가 함께 놀게 함으로써 자연과 문화의 조화를 시도한 것이었다.

제7회 뉴욕 아방가르드 페스티벌이 열렸을 때, 남준은 해프닝 〈물고기 소나타〉를 선보였다. 마른 멸치를 한 마리씩 봉투에 넣고 관람자들에게 나눠 주었다. 겉봉에는 "이 고기를 바다로 보내 달라"고 쓰여 있었다.

남준이 가장 좋아한 우리나라 음식은 '비빔밥'이라고 한다. 비빔밥 속 내용물은 한데 비벼져도 콩나물은 콩나물대로, 버섯은 버섯대로, 시금치는 시금치대로 제맛을 지닌다. 그런데 이 모든 재료들이 한데 모여 새로운 음식을 만들어 낸 것이다. 남준도 서로 이질적인 것들을 비빔밥처럼 버무려 새로운 것을 만드는 것을 즐겼다. 기술과 예술, 동양과 서양, 음악과 미술, 예술가와 관객이 그의 예술 속에서는 한데 모였다.

예술, 우주를 꿈꾸다

굿모닝, 미스터 오웰

　남준의 예술은 기술의 발전에 발맞췄다. 1960년대에 텔레비전이 보급되자 텔레비전 수상기를 가지고 예술품을 만들었고, 1970년대에는 휴대용 비디오가 발명되자 비디오 아트를 창조해 냈다. 비디오 아트는 비디오 신시사이저의 도움으로 새로운 이미지를 창조하는 테이프 제작으로 이어졌다.

　1980년대에 남준의 작업은 인공위성으로 새로운 길을 찾는다. 1957년 소련에서 최초로 인공위성(스푸트니크 호)이 발사된 후 위성 기술은 꾸준히 발전했다. 위성은 소통을 위한 최신 기술이었다. 위성은 떨어져 있는 사람들을 한데 엮는다. 대륙과 대륙 사이에 소통이 가능해진다.

남준에게 위성들은 하늘을 통과하는 희미한 주파였다.

"그런 음양 주파들의 만남은 견우와 직녀의 만남처럼 오래된 것이지."

캔버스, 갤러리, 공연장에 갇혀 있었던 미술 공간은 위성을 통해 거대하게 확장되었다. 미술관은 물리적인 공간에서 대륙 간, 위성 및 위성 간, 우주로 나아갔다.

위성을 이용한 예술, 남준의 〈우주 오페라〉가 시작되었다.

첫 번째 작품인 〈굿모닝, 미스터 오웰〉은 영국 작가 조지 오웰의 『1984년』에서 영감을 받은 작품이다. 오웰은 인류가 폐쇄 텔레비전과 같은 기계와 매스미디어에 의해 철저히 통제되는 암울한 미래를 살 거라고 진단했다. '빅 브라더'라는 절대 권력이 인간의 삶을 낱낱이 감시하고, 인류는 결국 기계의 노예가 된다. 하지만 소설이 완성되고 36년이 흘러 실제로 1984년이 되었지만, 세계는 그가 예언한 만큼 암울해지지 않았다. 남준은 기술이 세상을 얼마나 재미있고 풍요롭게 만들었는지 보여 주고 싶었다. 비디오나 테크놀로지는 연필과 같다. 기계 문명이 인간화되려면 기계를 공포의 대상이 아니라, 연필처럼 자유자재로 쓸 수 있는 것으로 봐야 한다. 남준은 오웰에게 이렇게 말하고 싶었다.

'안녕하시오, 오웰 씨. 1984년이 되었지만 우린 즐겁게 살고 있다오.'

1983년 어느 여름날, 남준은 미국 방송국을 찾아갔다. 남준은 다짜고짜 "내년 1월 1일을 그냥 보낼 거냐"고 물었다. 그날은 우리에게 다시 찾아오지 않는, 오웰에게 한 수 가르칠 수 있는 결정적인 날인데 그냥 보낼 거냐는 것이었다. 이날을 기념하는 텔레비전 쇼를 해야 한다는 남준의 이야기를 듣고, 관계자는 "시간이 너무 촉박하고 또 짧은 시간 안에 돈을 마련할 길이 없으니 없던 이야기로 하자"고 말렸다.

그러자 남준은 싱긋 웃으며 말했다.

"이미 프랑스의 채널 3번과 약속해 놨고, 퐁피두센터와도 프로그램에 대해 결정했는데."

"음……, 그렇다면 어쩔 수 없군요."

위성을 통한 예술이란 전대미문의 작품이었기에 숱한 어려움이 닥쳐왔다. 세계 각국의 문화계 스타를 한데 모으는 일도 수월하지 않았다. 사회를 보기로 한 미국의 토크쇼 진행자는 별안간 바하마로 떠났고, 해설을 맡기로 한 화가는 프랑스로 갔다. 뉴욕, 파리, 베를린, 서울을 우주 중계로 연결하면서 공연하니 시차 문제도 생겼다. 뉴욕과 파리 간에 여섯 시간의 시차가 존재해 양쪽 모두 시청률이 높은 시간을 고르기가 어려웠다. 결국 뉴욕 시간으로 1월 1일 일요일 정오를 택했다. 뉴욕의 한겨울은 매서워서 낮 열두 시에도 사람들이 집에 있을 거란 생각에서였다. 파리는 1일 저녁 여섯 시로, 새해 첫날 저녁이라 사람들이 집에 머물 거란 계산에서였다. 다만 서울이 1월 2일 새벽 두 시라는 점이 걸렸지만 도리가 없었다.

1984년 1월 1일.

세 대륙의 여덟 개 도시를 연결하는 생방송 공연이 시작되었다.

"좋은 아침입니다, 오웰 씨!"

인사말과 함께 화려한 영상이 펼쳐졌다. 서로 다른 영상들이 정신없이 교차되거나 일그러졌고, 고급 예술과 대중 예술이 동시에 나열되었다. '분할 스크린 기법'을 사용했다. 한 화면에 다양한 크기의 영상들이 등장했다. 여러 사건들을 한꺼번에 보여 주고, 파리와 뉴욕의 영상을 서로 대비시켰다.

존 케이지는 독경 등의 반주에 맞춰 선인장 작품을 선보였다. 요제프 보이스는 터키인 피아니스트 두 명과 세 대의 그랜드 피아노 밑에 웅크리고 앉았다. 네덜란드 미술가는 보이스의 수염을 면도했다. 케이지와 보이스를 비롯해 세계적으로 유명한 예술가들이 이 공연에 참여했다. 〈굿모닝, 미스터 오웰〉에서 동료인 케이지와 보이스가 처음으로 한 공연에 출연하고, 예술 동지인 보이스와 긴즈버그도 처음으로 만나 이야기를 나눈다.

"아주 드물게 만나는 지구의 스타들과 달리 천체들(화성, 토성, 견우성)은 정기적으로 만난다. 보잘것없는 우리 삶에서 다른 사람과의 만남으로 얻을 수 있는 신비로움을 생각할 때 위대한 천재들이 서로 만나지 않고 나이를 먹어 간다는 것은 무척 유감스러운 일이 아닐 수 없다. 게다가 이러한 만남을 아무도 녹화하지 않다니! 인류 문화의 차원에서 얼마나 큰 손실인가. 위성은 이러한 만남의 신비를 증폭시켜 준다.”

남준은 일생 단 한 번 있는 '우연한 만남'의 충격이 뇌세포에 전기 스파크를 일으킨다고 했다. 위성 기술은 두뇌 활동을 풍부히 하는 그 우연한 만남을 제공한다는 것이다. 위성은 중매쟁이처럼 사람들을 만나게 하고, 인연을 만들어 낸다.

〈굿모닝, 미스터 오웰〉은 한국에도 방송되었다. 1월 2일 새벽, 한국의 시청자들은 졸음을 쫓으며 텔레비전 화면 앞에 앉았다. 남준이 히치콕처럼 한 시간의 생방송 예술제에서 적어도 한두 장면에선 얼굴을 비쳐 줄 것을 기대했으나, 남준은 끝내 나타나지 않았다. 하지만 사람들은 화면에 펼쳐진 첨단 예술의 모습에 감탄했다. 신문에서는 “1984년 벽두는 이렇게 백남준의 충격과 함께 화려하게 닥쳐왔다”고 보도했다. 각국의 언론도 격찬을 보냈다.

명성을 안겨 준 작품이지만, 남준은 엄청난 빚을 지게 되었다. 예상 경비는 40만 달러였다. 이 중 17만 달러는 미국 록펠러 재단과 국립 예술진흥기금 등이 댔다. 7만 달러는 남준을 비롯하여 친구들이 만든 판화를 팔아 마련했다. 프랑스 TV 등 다른 기관도 일부 협

찬했다. 겨우 비용을 마련했는데, 일이 진행되면서 비용은 점점 불어났다. 제작비가 모자라 은행에서 돈을 빌렸고, 이 돈을 갚기 위해 몇 년간 고생했다.

우주 오페라 2편은 1986년 아시안 게임을 위해 만든 〈바이바이 키플링〉이다. 이 작품은 뉴욕, 도쿄, 서울을 연결시켰다. 태평양을 횡단하는 공연인 것이다. 이 작품에서 남준은 "동양은 동양이고 서양은 서양일 뿐 이 둘은 결코 만날 수 없다"는 영국 키플링의 말이 잘못된 것이라고 반박한다.

동양인과 서양인은 위성을 통해 만난다. 미국인과 일본인이 우주를 통해 만난다. 둘은 악수를 한다. 도쿄에서 연주하는 한국 사물놀이 팀의 전통 타악기 연주와 미국 타악기 그룹의 연주가 한 화면을 채운다. 서울 한강변의 마라톤 경기에 뉴욕에서 연주되는 음악이 깔린다. 음악과 운동이 만난다. 남준은 이 작품을 통해 동서가 만나고 소통할 수 있음을 보여 주려 했다.

동양과 서양의 지역적·이념적 차이는 예술과 스포츠로 해소될 수 있다. 예술과 운동은 서로 다른 사람들 사이의 소통을 이루는 가장 강력한 매체들이다. 그러므로 전 지구적인 음악과 춤의 향연은 전 지구적인 운동의 향연과 함께 행해져야 한다. 우주 오페라 3부는 1988년 서울 올림픽을 위한 작품 〈손에 손 잡고〉이다. 이 작품에서도 스포츠와 예술은 만난다. 작품의 내용은 다음과 같다.

우주의 방문객 모비우스 박사는 잔학하고 무지한 인간을 파멸하려고 한다. 구원을 바라는 지구의 대변인은 심판자에게 지구상에서 벌어지는 다채로운 공연을 봐 달라고 부탁한다.

모비우스 박사에게 바쳐진 프로그램이 바로 〈손에 손 잡고〉이다. 뉴욕에서 데이비드 보위가 캐나다 무용단과 함께 춤추며 노래하고, 카메라는 서울 올림픽 실황을 중계한다. 독일 록 밴드가 본에 있는 베토벤 집에서 노래하고, 삼바 춤과 노래의 현장인 리우데자네이루가 등장한다. 레닌그라드에서 소련 연주단이 칠면조의 울음소리를 곁들여 연주를 한다. 베이징에서는 중국 전통 무술과 록 밴드의 음악이 펼쳐지고, 비엔나 재즈 오케스트라는 브람스가 살던 함부르크 집 주차장에서 연주를 한다. 무대는 다시 서울로 바뀌고 과천 현대 미술관에 설치된 남준의 비디오 아트 〈다다익선〉 앞에서 사물놀이와 댄스 팀이 공연한다. 이 연주에 맞춰 뉴욕 스튜디오에서 남준은 한국 전통 갓을 모독하는 해프닝을 벌인다. 갓에 샴푸와 로션을 뿌려 뭉갬으로써 권위에 도전한다. 이런 공연을 보고 모비우스 박사는 인류를 용서하기로 결심한다는 것이다.

남준은 "세계가 파괴를 향하고 있는 현재 '스타 워즈'가 아니라 '스타 피스'를 만들어 보고 싶다"고 했다. 이 작품은 서울을 비롯해 아메리카, 유럽, 아시아 등 세계 각지를 동시 중계로 연결한다. 영상 통신 기술로 각지의 고유 문화를 한데 모을 수 있다는 것이다. 마치 보자기처럼. 오대양 육대주를 보자기로 부드럽게 감싸자. 보자기는 책 한 권이나 열 권이나 다 쌀 수 있고, 비가 올 때는 우산도 된다. 무궁무진하게 변형이 가능하다. 용량에 제한 없이 이것저것 넣을 수 있고 정해진 모양새가 없다. 남준은 텔레비전이 마치 보자기인 양 그 틀을 깨고 싶었다고 말했다.

"난 염라대왕 앞에서도 큰소리를 칠 수 있어."

세계적인 위성 쇼를 제작한 공로로 최소한 지옥은 면한다는 이유에서였다. 하나의 예술 작품이 같은 시간대에 그렇게 많은 나라의 많은 사람들을 감탄하게 만든 일이 없으니, 남준의 말은 틀린 것도 아니었다.

예술은 사기다

1984년 6월 23일, 남준은 35년 만에 귀국을 결심한다.

〈굿모닝, 미스터 오웰〉로 화제를 일으키자 고국에서 그를 불렀다. 남준은 세계 예술계에서 두각을 나타냈지만 한국에서는 몇몇 전문가를 제외하고는 이름이 알려지지 않았다. 위성 중계가 방송되고, 이런 세계적인 예술가가 한국인이라는 사실이 알려지면서 그는 한국에서 유명 인사가 되었다.

남준은 원래 1986년에 귀국할 생각이었다. 재미 교포 한의사이자 점성술에도 뛰어난 사람이 점을 봐 줬는데, 쉰다섯 살 되는 해에 귀향하면 대길할 거라는 점괘가 나왔기 때문이다.

남준은 일본에 온 김에 한국에도 와 달라는 초청을 받고 겸사겸

사 귀국하게 된다. 두 형은 일본인으로 귀화하여 개명해도 그는 한국인으로 남아 있겠다고 고집을 부렸다. 독일이나 미국 여권을 만들 수 있었는데도 한국 여권을 버리지 않았다. 동구권에도 발길을 돌리지 않았다. 불가리아, 루마니아, 폴란드에서 좋은 조건으로 초대를 해도, 행여 고국 땅을 밟는 데 방해가 될지 모른다는 생각에 일절 응하지 않았다.

1984년 6월 22일, 전쟁을 피해 고국을 떠났던 남준은 고향으로 돌아왔다. 불어 사전을 가방에 챙기고, 어머니가 마지막으로 주는 과일을 삼키며 황망하게 서울을 떠났던 열여덟 살 소년은 35년이 지나 서울로 돌아왔다.

오랜만의 귀국인데, 그는 평소 입던 큰 앞주머니를 덧댄 헐렁한 와이셔츠에다 속에는 긴 내의를 겹쳐 입었다. 추위를 몹시 타고 비행기 에어컨의 냉기를 싫어해, 한여름에도 내복을 입고 다녔다. 멜빵 달린 후줄근한 바지도 여느 때와 같았다.

대한 항공 여객기가 활주로에 내렸다. 남준과 아내 시게코, 미국인 조수가 입국 수속을 마치고 김포 공항 입국장에 들어섰다. 문이 열리자 사방에서 카메라 플래시가 터졌다. 몇 초 후 반백의 중년 여인이 달려왔다. 어우 누나였다. 어린 남준이 어깨너머로 피아노를 배웠던, 양말도 짜 주고 어머니처럼 돌봐 주기도 했던 그리운 누나였다. 한 무리의 기자들이 몰려와 질문을 퍼부었다.

"이번 여행의 목적은 무엇입니까?"

"한국 미인을 만나러 왔습니다."

웃음소리가 터져 나왔다.

"한국에 와서 할 일은 계획해 두셨나요?"

"아버지, 어머니 산소에 가고, 가족 만나고, 동창생들도 찾아봐야죠. 내 동창이 서울시장이 됐는데 한턱내라고 할 작정입니다. 유치원 동무도 만나 보고요."

"왜 오랫동안 고국에 들르지 않았나요?"

"인생은 일장춘몽인데, 그 안에서 늦고 빠름은 의미가 없습니다."

하지만 남준이 40년 전 유치원 동창인 이경희를 만나 한 첫말은 "C'est la vie!(이게 인생이야!)"였다. 유치원 단짝을 이제야 다시 만난 데 대한 감회가 담긴 말로, 조국에 대해서도 같은 생각이었을 것이다.

그동안 남준의 부모님은 모두 돌아가셨다. 남준의 어머니는 한국전쟁 이후 9년간 당뇨를 앓다가 돌아가셨다. 아버지는 뇌졸중으로 화장실에서 쓰러지신 뒤 병상에 있다가 돌아가셨다. 부모님이 돌아가실 때 남준은 두 번 모두 임종을 지키지 못했다.

한국에 온 남준은 부모님의 묘소를 찾았다. 부모님 묘소는 퇴계원에 있는 군부대를 지나가야 했다. 그 부대의 허락을 받아야 했기에 성묘 가는 날이 늦어졌다. 남준은 외국에서 출판한 두툼한 카탈

로그를 아버지, 어머니 두 분이 함께 모셔진 산소 앞에 펼쳐 놓고 절을 했다. 세계적인 예술가가 된 아들은 늦게나마 부모님께 인사를 했다. 남준은 가족들과 산소에 둘러앉아 콩떡을 먹었다.

존 케이지가 죽었을 때 누군가 남준에게 "마음이 어떠했느냐? 울지는 않았느냐"고 물었다. 남준은 고개를 저었다.

"나는 어머니가 돌아가신 소식을 듣고도 눈물을 안 흘렸다. 인생은 어디서 왔다가 어디로든 가는 것이니까 어딘가에 나의 어머니가 계시겠지. 나도 따라가면 되는 것이지. 거기서 만나면 된다는 생각에 슬프단 생각은 안 해요."

그는 불교에서 말하는 왕생(往生)을 떠올렸던 것이다. 왕생은, 이 세상에서 죽어 다른 세상에 다시 태어남을 가리키는 불교 용어다.

잡지 인터뷰 요청이 밀려들고 신문마다 보도되어 남준은 스타가 되었다. 텔레비전에서는 〈백남준의 비디오 아트 세계〉라는 특집 프로그램이 방영되었다. 남준은 각 분야 전문가들의 질문에 답했다.

"세계에서 제일 큰 사기꾼은 마르셀 뒤샹이다. 그는 사기를 철학화했다."

"예술 자체에는 양심이 있을지 몰라도 예술가들은 실업가들과 마찬가지로 서로 비양심적이다."

"내가 처음 텔레비전을 샀을 때는 무엇이 나올지 전혀 몰랐다.

주사선만을 조작했는데도 펑펑 새로운 그림이 쏟아져 나왔다.”

“내가 비디오 무용을 만들 때는 꼭 무용가가 필요한 것은 아니다. 세상만사 아무거나 찍어서 이으면 무용이 된다.”

“우리나라가 국제적으로 팔아먹을 수 있는 예술은 음악, 무용, 무당 등 시간 예술뿐이다. 이것을 캐는 것이 인류에 공헌하는 것이다.”

남준은 “예술은 장사와 마찬가지예요”라고 말했다. “금강산도 식후경이라고, 지금 우리나라는 겨우 대들보 세우고 지붕 얹으려고 서둘지만, 장차는 그러면 안 됩니다. 우리 경제가 성장하려면 하이테크놀로지 경제가 발전해야 하는데, 그러자면 제일 중요한 것이 소프트웨어입니다. 그리고 하이테크놀로지와 비디오의 관계는 말하자면 사돈 관계입니다.”

“왜 조국을 놔두고 외국에서만 활동합니까?”

“문화도 경제처럼 수입보다 수출이 필요해요. 나는 한국 문화를 수출하기 위해 외국을 떠도는 문화 상인입니다.”

“백 선생님은 예술을 왜 하십니까?”

“인생은 싱거운 것입니다. 짭짤하고 재미있게 만들려고 하는 거지요.”

그는 고국에 왔으니 설렁탕 맛부터 보겠다고 했다. 인사동에 간 남준은 거리에 많은 가게들이 모여 있는 걸 보고 놀랐고, 골동품들을 보며 탄성을 질렀다. 수많은 도시를 다녀 봤지만 붓과 그림, 표

구상 들이 이렇게 밀집한 곳은 없었다는 것이다. 광화문의 대형 서점을 둘러보며 우리나라에 책이 꽤 많다는 것도 알았다. 35년 전에 떠났을 때와 조국은 많이 달라졌다.

고국 방문을 마치고 남준은 미국으로 갔다. 남준은 유치원 친구 경희에게 "나중에 전차 타고 뚝섬으로 원족(遠足) 가자"고 편지를 썼다. 원족은 소풍을 뜻한다.

남준은 자신이 고향을 그리워하는 감상적인 사람은 아니라고 했다. 그렇지만 남준은 뉴욕에서 밤 열한 시쯤 거리에 나가 신문을 사 들고는 택시를 타고 한국 음식점에 가서 설렁탕과 깍두기를 먹거나 전복죽을 먹으면 비로소 그곳에 발을 디딘 듯 안도하곤 했다.

TV로 쌓은 탑

"이런 널찍한 공간을 그냥 내버려 두다니, 아까운데요."

1986년, 과천 현대 미술관 중앙 홀의 널찍하면서 높다란 공간을 살펴보면서 남준은 말했다. "여기에 타틀린의 '제3인터내셔널 기념탑'을 닮은 비디오 작품을 세우면 딱 좋겠어요."

블라디미르 타틀린은 러시아 혁명 시절의 화가이자 건축가였다. 그는 수많은 작품을 남겼는데, 그중 구상에 그친 작품이 '제3인터내셔널 기념탑'이었다. 레닌 정부의 지시를 받아 타틀린이 설계한 세계 공산 혁명 기념탑이었다. 설계 당시 에펠탑(320미터)보다 훨씬 높게 설계된(396미터) 이 탑은 모형만 만들어졌지 실제로 세워지진 못했다. 남준은 미술관 중앙 홀에 이 탑을 텔레비전으로 쌓으면 어떨까 생각했다. 수백 개의 텔레비전으로 이루어진 거대한 탑 모양의 작품을 구상하기 시작했다.

보통 미술관 중앙 홀은 그저 넉넉한 공간으로 남겨 둔다. 그러나 남준은 이를 깨고, 거기에 비디오 조형물을, 그것도 러시아 혁명 시절의 대표적 작가를 기리는 작품을 세우겠다고 하는 것이다.

미술관 측에서는, "정말 멋진 생각이지만 레닌을 위해 일했던 타틀린의 추모 작품이 말썽을 일으킬지도 모른다"고 했다. 얼마 후 남준은 '다다익선'이란 새로운 제목을 제안했다. 다다익선은 그저 많을수록 좋다는 게 아니라, 현대인들이 책, 신문 같은 활자 매체와 더불어 TV, 라디오, 컴퓨터 같은 새로운 미디어로 정보를 얻는다는 것을 표현한 것이었다.

"방송이란 물고기 알과 같은 것이다. 물고기 알은 수백만 개가 생산되어도 그 가운데 대부분이 낭비되고 수정되는 것은 얼마 안 된다. 〈굿모닝, 미스터 오웰〉은 수억의 세계 인구를 상대로 발신한 것인데, 이 발신의 내용이 얼마나 수정되었는지는 그야말로 다다익선이다."

사람과 돈이 문제였다. 그의 구상을 현실화시켜 줄 기술자와 1000여 대의 텔레비전을 지원해 줄 후원자가 필요했다. 건축가는 구해졌다. 건축가 김원은 "단순한 통로에 불과했던 공간을 훌륭한 전시 공간으로 바꾼다는 것은 보람 있는 일"이라면서 보수를 받지 않고 설계를 했다. 텔레비전은 한국의 한 전자 회사에서 지원을 약속했다.

아이디어에 사람에 돈 문제까지 해결되었지만 작품을 완성하는 것은 그리 쉽지 않았다. 미국에서 할 일이 많았던 남준은 뉴욕으로 돌아갔고, 국제 전화로 한국 측 관계자와 수없이 통화를 했다. 전화비만 수백만 원이 나왔다. 미술관에서는 수신자 부담으로 통화하라고 권했지만 남준은 아랑곳하지 않았다.

〈다다익선〉을 완성하기까지는 2년이 걸렸다. 〈다다익선〉은 88 올림픽을 기념하는 의미에서 1988년 3월 1일 공개된다고 했다.

"그렇다면 10월 3일 개천절을 기념하는 뜻으로 텔레비전을 1003개 놓읍시다."

1988년, 1003개의 수상기로 만든 탑 모양의 초거대 조형물 〈다다익선〉이 선을 보였다. 보는 사람을 압도하는 거대한 설치물이었다.

전시회 개막식 날 어떤 사람은 혀를 차 댔다.

"텔레비전은 한 대만 놓고 보면 되는 것이지, 무엇 때문에 이렇게 산더미처럼 쌓아 놓는지 모르겠습니다. 전기 값만 해도 한 해에 오천만 원이라는데 국고 낭비이지 뭡니까?"

탑은 제자리에 고정된 건축물이지만, 화면으로는 쉼 없이 화려한 영상이 펼쳐졌다. 탑은 마치 살아 있는 생물처럼 보였다. 〈다다익선〉은 텔레비전으로 만든 거대한 기념탑이었다. 탑이나 조각품은 돌 같은 무생물처럼 변화가 없다. 하지만 화면 속 영상이 계속 변하는 〈다다익선〉은 생물처럼 느껴졌다. 공룡처럼 거대한, 살아 있는 조각이었다.

1988년 올림픽 때 남준은 오랜 친구 요제프 보이스와 서울에서 굿판을 벌이기로 약속했다. 하지만 보이스가 갑자기 죽어 이 계획을 이루진 못했다. 1990년, 남준은 귀국해 서울에서 보이스를 위한 진혼굿을 펼쳤다.

남준은 어릴 때 굿을 보았다. 음력 정월이면 집에서 굿판이 펼쳐졌다. 나쁜 귀신을 몰아내고 어질고 착한 귀신이 오라는 굿이었다. 사람들이 모여들고, 음식이 그득하고, 방울 소리와 노랫소리가 들렸다.

"예술은 매스 게임이 아니에요. 페스티벌이죠. 쉽게 말하면 잔치입니다. 왜 우리의 굿 있잖아요. 나는 굿쟁이예요. 여러 사람이 소리를 지르고 춤을 추도록 부추기는 광대나 다름없지요."

1990년 7월 갤러리 현대 뒷마당에서 보이스의 추모 굿이 시작되었다. 떠나간 벗을 위로하기 위해 마련된 자리였다. 갓을 쓰고 도포 차림으로 나타난 남준은 한 시간 동안 진지하게 굿판을 벌였다.

사자에게 주는 음식을 상징하는 쌀이 든 밥그릇을 피아노에 올려놓고, 보이스의 사진에 쌀을 뿌리기도 했다. 이날 굿판에는 500여

명의 관객이 참석하여 퍼포먼스를 지켜보았고, 한국은 물론 프랑스 방송국에서도 굿 장면을 촬영해 프랑스 전역에 방송했다.

굿은 오후 네 시경에 시작되어 다섯 시쯤에 끝났다. 그런데 희한하게도 굿이 끝날 무렵 거센 모래바람과 굵은 빗방울이 떨어지기 시작했다. 관중들이 모두 돌아가자마자 천둥 번개가 치고 벼락이 떨어져 일대가 정전되었다. 더 괴이한 일은 굿을 벌였던 마당 한가운데 서 있던 큰 느티나무가 벼락을 맞았는지 시들어 버린 것이다. 사람들은 남준이 진짜로 요제프 보이스의 영을 부른 게 아니냐고 수군거렸다.

나는 유목민의 자손

남준은 뒤셀도르프 대학의 교수로 임명되어 독일로 갔다. 활동 무대는 뉴욕에서 독일로 옮겨졌다. 강의는 적게 하고 봉급을 받는 게 마음에 걸렸는지, 남준은 학생들에게 여러 모로 신경을 썼다. 종종 학생들을 데리고 한국 음식점에 가서 이국적인 동양 음식을 실컷 맛보게 했다. 7~8명의 학생들에게 비행기 표를 사 주고 뉴욕으로 초대하여 현대 미술의 메카인 뉴욕의 미술관을 볼 기회를 주었다.

"강의실에만 틀어박혀 있지 말고 여행을 다녀. 많이 보러 다니라고."

온천으로 유명한 비스바덴에 학생들을 데려간 남준은 주머니에서 돈을 꺼냈다.

"자, 가서 도박을 하고 오게나."

남준의 말에 학생들은 어리둥절했다.

"교수님, 도박을 하라고요?"

하지만 금세 신이 나서 돈을 받아 들고 사라졌다. 나중에 학부모들이 이 사실을 알게 되었다. 하지만 아무도 남준에게 따지지 않았다. 아마 "교수님이 경제를 가르치려 했구나"라고 생각했는지도 모른다.

그날 카지노에 갔던 학생 중 하나는 카지노에서 본 동전 교환기를 모티프로 비디오 작품을 제작하여 상까지 받았다. 그 학생의 어머니는 남준을 찾아와 아들을 카지노에 데려가 주어 고맙다고 감사 인사를 했다고 한다.

1993년에 남준은 독일의 대표 작가 두 명 중 한 명으로 선발되어 베네치아 비엔날레에 참가했다. 수많은 독일 작가를 두고 한국 출신인 그를 독일 대표 예술가로 뽑았다는 건 파격이었다. 남준 말고 선정된 작가는 한스 하케였다. 그는 걸핏하면 나치라는 독일의 아픈 데를 비판해 온 작가였다. 남준은 독일에서 공부를 했지만 외국 사람이고, 한스 하케는 독일 사람이지만 외국에서 살았다. 자연히 수많은 독일 작가들이 불만을 가졌고 비난 여론이 들끓었다. 하지만 이들을 선정한 독일관 담당자 클라우스 부스만은 꿈쩍도 하지 않았다. 부스만은 농담 삼아 남준을 '명예 이주 노동자'라고 불렀다. 하지만 남준은 자기 때문에 잡음이 이는 걸 원치 않았다. 망설이는 남준에게 부스만은 힘을 불어넣어 주었다.

"남준, 당신은 독일제야. 독일에 살고 있고, 독일에서 비디오 아트를 탄생시켰고, 당신의 첫 비디오 아트 전시도 1963년 독일 파르나스 갤러리에서 했잖아. 우리 독일인들은 당신을 자랑스러워하오."

여섯 개 나라말을 하고, 대륙을 넘나들며 창작 활동을 펼치는 남준의 국적을 논하는 건 불가능한 일이었다.

베네치아 비엔날레는 바다를 끼고 나무가 무성한 자르디니 공원에서 열렸다. 숲 사이에 각 나라의 전시관들이 세워져 있었다. 남준과 함께 참가한 한스 하케는 나치 독일의 잔영을 보여 주는 설치 미술을 전시했다. 전시실 전면에는 히틀러의 사진과 나치의 표지가 걸렸고, 흰 칠을 한 바닥에는 부서진 콘크리트 조각들이 깔렸다. 남준의 작품은 〈전자 초고속 도로-베네치아에서 울란바토르까지〉였다. 칭기즈칸, 마르코 폴로, 알렉산더 대왕 등 동서를 오갔던 인물들을 비디오 조각으로 만들었다. 동서를 넘나든 유목의 제왕들을 통해 남준은 말 대신 인터넷, 위성을 통해 동서와 고금을 넘나드는 세상을 꿈꿨다. 여기에 남준은 〈스키타이 왕 단군〉이란 작품을 더했다. 한국인의 조상인 단군을 칭기즈칸과 알렉산더 대왕의 반열에 올려놓음으로써 한국인의 기상을 떨쳐 보이려고 했다. 막 아폴로 우주선에서 달에 내린 우주인의 이름은 '단군'이다. 바다를 바라

보고 서 있는 우주인은, 밤에는 두 눈에서 초록색 빛이 비쳤다.

"우리 민족은 오랫동안 유목민이었으며, 유목민은 레오나르도 다빈치의 그림을 주어도 가지고 다닐 수가 없다. 즉, 무게가 없는 예술만이 전승되고 발전할 수 있다."

남준은 자신이 정주 유목민이라고 했다. 정주는 머무르는 것이고, 유목은 끊임없이 움직이는 것이다. 남준은, 움직이지 않아도 정신은 아주 먼 데까지 자유롭게 갈 수 있다고 했다.

그는 자신이 어릴 적에 쇤베르크를 좋아한 것도 몽골 유전자 때문이라고 했다. 여기가 아니라 멀리를 내다보는 사람을 좋아했다는 것이다. 선사 시대에 우랄, 알타이 쪽의 사냥꾼들은 말을 타고 시베리아에서 페루, 한국, 네팔, 라플란드까지 세계를 누비고 다녔다. 그들은 농업 중심의 중국 사회처럼 중앙에 집착하지 않았다. 그들은 멀리 여행을 떠나 새로운 지평선을 바라보았다. 그들은 언제나 더 먼 곳을 보러 떠나야 했다. '텔레-비전'은 그리스어로 '멀리-보다'라는 뜻이다.

전 세계가 전자 고속 도로로 연결될 것이라는 예언적인 작품 〈전자 고속 도로〉와, 달이 차고 기우는 영상을 보여 주는 〈달은 가장 오래된 TV〉를 마주 보게 걸었다. 다른 쪽에는 이탈리아 성 시스터 사원의 천장을 상징하는 비디오 작품을 설치했다. 하케의 작품과 남준의 작품은 '전위적이며 심오하다'는 호평을 받았다.

베네치아 비엔날레 개막일이 다가오자, 사람들은 누가 상을 받게 될지 궁금해했다. 나흘간의 작품 평가 기간 동안 관계자들은 삼삼오오 모여 심각한 얼굴로 이야기를 나눴다. 정작 남준은 인터뷰 때문에 바쁘게 지내다 나중에는 몰려드는 인터뷰를 피해 도망을 다녔다. 호텔 복도에서는 눈을 감고 자면서 흔들흔들 걷곤 했다.

6월 13일 수상 결과가 밝혀졌다. 남준의 이름은 세 번째 시상 때 불렸다.

"독일 파빌리온의 남준 파이크와 한스 하케 씨!"

국가에 주는 황금사자상이었다. 각기 다른 국적을 가진 예술가로서 비엔날레의 국가를 초월한 정신에 기여한 공이란 선정 이유가 밝혀졌다. 들끓는 반대 여론에도 불구하고 남준과 하케를 선정한 독일관이 영광을 안게 된 것이다.

베네치아 비엔날레에서 최고상을 받은 예술가는 유럽에서 칭송을 받는다. 독일에서는 예술가에 대한 최고의 존칭인 '마에스트로'로 칭송받았다. 웬만한 카페에 가도 종업원이 "마에스트로 오셨냐"며 융숭히 대접했다.

한국이란 생소한 나라의 작가가 독일의 대표 작가로 존경받는 걸 못마땅해한 사람도 있었다. 독일의 인종차별주의자들인 스킨헤드족들은 남준의 전시회를 습격하고 작품에 불을 지르기도 했다. 그러나 뒤셀도르프 시의 남준에 대한 각별한 사랑은 그가 죽은 뒤

에도 이어졌다. 뒤셀도르프 시에는 남준이 환히 웃는 모습이 그려
진 전차가 도시 한복판을 오간다.

남준은 훗날 베네치아 비엔날레에 한국관을 건립하는 데 큰 힘
이 되어 주었다. 자신의 주머니를 털어 국제적인 예술가들을 한국
에 초청하여 심포지엄을 열었다. 사람들에게 한국 예술의 발전상
을 보여 주려 한 것이다.

베네치아 비엔날레에서의 성공은 또 다른 행운을 불러온다. 구
겐하임 미술관 관장이 남준의 작품을 보고 회고전을 열자고 제안
했다. 세계 최고의 거장들을 선별해 개인전을 열어 주는 구겐하임
에서 생존 작가를 위해 자리를 마련해 주는 건 보통 일이 아니었다.
아시아 작가로는 최초의 전시였다.

호랑이는 살아 있다

1996년 3월, 백남준은 신시내티에서 열리는 전시회를 찾아갔다.

미국 중부의 신시내티는 추운 도시였다. 가뜩이나 추위를 많이 타는 남준에게는 북극과 다름없었다. 원래 샌프란시스코 공연 때부터 몸이 좋지 않았다. 일본 후쿠오카까지 들러 추운 날씨에 친구에게 이리저리 끌려다니느라 감기에 걸렸다. 그 몸으로 한국에 오니 애개 누나가 깜짝 놀랐다.

"남준아, 네 얼굴이 시커멓잖아."

몸살기가 회복되지 않았는데 호암상을 받기 위해 비행기를 타고 한국으로 온 것이다. 남준은 건강한 체질이 아니었다. 당뇨병을 심하게 앓아 각종 증상에 시달렸다. 늘 피곤했고, 어디서든 잤다. 베네치아 비엔날레 전시장 뜰 한복판에서 코를 골고 자서 화제가 된 적도 있었다. 오랜 여행에 따른 피로를 견디지 못하는 그는 잠이 쏟아지면 전시관 뜰이든 차 안이든 코를 골며 잤다.

한국에 다녀온 다음 날인 1996년 4월 9일, 남준은 저녁을 먹다가 갑자기 재채기를 하기 시작했다. 몇 분이 지나도록 재채기가 그치지 않았다. 그러더니 갑자기 고개를 떨어뜨리고는 바닥에 쓰러졌다. 의식이 없었고, 입은 일그러진 채 왼쪽으로 돌아갔다.

앰뷸런스가 달려와 남준을 병원으로 싣고 갔다. 응급실에 옮겨진 남준은 정신을 차렸다.

"걱정 마, 시게코. 오늘이 부활절이잖아. 예수가 부활한 날에 살아났으니 난 절대 죽지 않아."

왼쪽 반신을 마비시킨 뇌졸중이 찾아왔다. 그의 부모는 모두 뇌졸중으로 돌아가셨다. 남준과 시게코는 절망했다. 그 외롭고 힘든 나날을 지나 명성을 얻을 시점에 쓰러진 것이다. 힘겹고도 긴 투병 생활이 시작되었다.

남준은 병실을 답답하게 여겼다. 옆 건물 벽이 내다보이는 창문 밖 풍경은 단조로웠다.

"여기 있다간 병이 낫기는커녕 죽어 버릴 거야."

남준은 고래고래 소리를 쳐 댔다. 세계를 날아다니던 그가 뇌졸중으로 아무것도 할 수 없는 몸이 되었다. 날개가 꺾인 새처럼 침대에 묶였으니 답답할 만도 했다. 그는 우울하고 심각하게 생각에 잠겼다.

"세계의 부조리, 부조리에 대해 생각했어. 내가 왜 쓰러져야 하지? 세상은 참 불공평해. 신도 불공평하고."

그러나 천성은 어쩔 수 없었다. 특유의 낙천적인 성격에 꿋꿋한 정신력으로 남준은 병원 생활에 익숙해졌다. 특히 삼면이 유리로 된 병실로 옮기고 나서 기분이 한층 나아졌다.

남준은 제대로 일어서기도 힘들었다. 허리에 두꺼운 흰색 복대를 둘렀고, 왼쪽 다리엔 철제 보조 기구를 댔다. 간호사들이 부축해서 겨우 일어섰다. 평행봉처럼 생긴 철봉을 양손으로 짚고 힘겹게 한 걸음씩 내딛었다. 면도를 제대로 하지 않아 수염이 덥수룩한데 듬성듬성 흰 수염까지 섞여 있어 실제보다 나이가 들어 보였다.

왼쪽 신경이 마비되어 입마저 약간 돌아갔다. 걸음을 다시 익혀야 했다. 왼쪽 몸은 마비되었고 언어 장애도 왔다. 혼자서는 10미터도 걸어가지 못할 정도로 운동 신경이 약화되었다. 남준은 투덜거렸다.

"천벌을 받은 거야. 세계 30개 도시의 초대전을 몽땅 받아들여 야심과 야욕의 포로가 되었으니 이런 벌을 받은 거지."

남준이 쓰러졌다는 소식이 알려지자 고국에서 친구들이 오만 가지 약을 보내 주었다. 백곰의 쓸개, 물개, 거북이 껍질 등을 보고 남준은 이걸 어떻게 해야 할지 난감해했다.

차츰 남준은 나아졌고, 복잡한 컴퓨터를 다룰 수 있는 능력을 회복했다. 병상에서도 그는 최신 컴퓨터와 씨름하여 1977년 이후 미뤄 두었던 숙제인 〈전자 달〉을 완성했다.

반신마비인 남준은 거동이 자유롭지 않았다. 전동 휠체어를 사려고 했지만 의식을 잃을 가능성이 있다는 이유로 허가가 나지 않았다. 남준은 펄펄 뛰었다.

"이봐요, 의사 양반, 난 멀쩡해! 이 자리에서 5개 국어를 할 수 있단 말이야."

병원을 오가며 일주일에 세 번씩 물리 치료를 받고 규칙적으로 생활했다. 11월이 되자 뉴욕의 겨울을 피해 마이애미로 갔다. 걷는 훈련을 하기 위해서라도 마이애미로 가야 했다. 뉴욕의 밤은 공기가 너무 찼다.

마이애미의 기후와 햇빛은 남준에게 웃음을 돌려주었다. 아침 여덟 시에는 동네 카페테리아에 가서 커피, 바나나, 요구르트를 먹었다. 남준은 텔레비전을 보았다. 평생 텔레비전으로 예술을 했지만 정작 텔레비전을 보지는 않았던 그였다. 한국 드라마는 일부러 빌려 보았다.

설치 작업을 하지 못했지만 그림과 스케치, 글쓰기를 했다. 때론 시를 썼다. 가슴에 묻어 둔 이야기들을 글로 풀었다. 그는 우리말을 가지고 놀았다.

"말과 말은 물, 무게, 마루와 통하고 입은 예쁘다는 감각으로서 맛과 멋과 통한다. 김치는 어디서 왔을까? 약간 썩혀 먹는 발상은 어디서 왔을까? 한국인은 왜 질긴가?"

남준은 시게코에게 말했다.

"한국 사람들은 아침에 만나면 진지 잡수셨습니까, 묻거든. 왜 먹는 걸로 아침 인사를 할까?"

몸이 아픈 뒤로 남준은 소일거리 삼아 피아노 연주를 했다. 그가 주로 쳤던 것은 열다섯 살 때 직접 작곡했다는 연주곡과 프랑스 국가, 그리고 〈울 밑에 선 봉선화야〉, 〈아리랑〉 같은 서정적인 한국 노래였다. 그는 특히 학창 시절에 들었던 김순남의 바이올린 협주곡을 치고 싶어 했다. 하지만 악보를 구하기 어려웠다. 남준의 조수는 한국에 가서 김순남의 딸을 찾아내 악보를 얻는 데 성공했다. 악보를 받아 든 남준은 아이처럼 기뻐했다.

시력과 청력이 함께 나빠졌다. 남준은 자기 목소리마저 제대로 듣지 못했다. 목소리를 듣지 못하니 갑자기 언성을 높이곤 했다. 주위 사람들은 놀라 그를 바라보았다. 하지만 피아노를 칠 때만큼은 평화스러웠다. 평화롭고 섬세한 음악이 흘러나왔다. 고향을 그리워하고 과거를 추억하는 음악들이었다.

"서울에 가고 싶어. 아프니까 더 그리워."

남준은 한국인이었다. 한국인의 문화적 유전자와 어린 시절의 추억들을 마음에 간직해 작품에 녹여 냈다. 남준은 한국인은 절대로 고요한 민족이 아니라고 틈틈이 이야기했다. 누구보다 진취적이고 실험성이 강한 민족이며, 자기 안에도 만주 벌판을 거침없이 달리던 기마 민족의 유전자가 날뛰고 있다고 말했다. 그는 세계인이며 한국인이었다.

"왼쪽을 못 쓰지만 내 몸의 오른쪽은 살아 있어. 쓸 수도, 그릴 수도, 피아노를 칠 수도 있다고. 이건 내가 아직 더 창작을 해야 한다는 계시야. 안 그래, 시게코?"

남준은 일 년 후면 완전히 걸을 수 있을 거라며 훈련을 거듭했다. 간호를 하는 시게코는 남준이 머리와 몸이 연결이 안 된다고 걱정했다. 머리가 아무렇지도 않으니까 몸도 괜찮을 줄 알고 자꾸 무리를 한다는 것이다. 어렸을 때에도 도통 운동을 하지 않았던 남준은, 물리 치료 병원에서 러닝셔츠에 숏 팬츠를 입고 "하나, 둘, 셋" 하며 걷는 운동을 했다.

"나는 그렇게 쉽게 죽지 않아! 지금부터 더 멋있는 작품이 나올 거야. 전보다 머리가 맑아져서 구상이 계속 떠올라. 우리 아버지의 명예를 내가 회복할 거라고. 아버지가 여든에 돌아가셨으니까 나도 그때까진 살 거야. 봐, 병원에서 퇴원하자마자 벌써 그림을 그렸잖아."

　1999년 12월 31일 자정, 남준은 세계 77개의 방송망을 통해 "호랑이는 살아 있다"고 외친 바 있었다. 남준은 한민족을 호랑이에 비유했다. 그는 밀레니엄 이벤트에 〈타이거 리브스(Tiger Lives)〉란 작품을 출품했다. 그는 백두산 호랑이와 아프리카 사자가 싸우는 비디오테이프를 보고 이 작품의 영감을 얻었다. 비디오테이프에서 호랑이는 아프리카 사자를 때려눕혔다. 그는 살아서 또 다른 예술 세계를 펼치고 싶어 했다. 호랑이는 쉽게 죽지 않는다.

야곱의 사다리를 타고,
달콤하고 숭고한 천국으로

"레이저를 어떻게 예술에 접목시킬 수 있을까?"

당시 레이저는 최첨단 전자 기술이었다. 남준은 1960년대 중반부터 레이저의 잠재성에 대한 글을 쓰곤 했다. 1965년 스웨덴 출신 전기 기술자이자 예술가에게 "전자 분야에서 획기적인 발전을 가져온 레이저 기술이 예술 분야에서도 같은 역할을 할 수 있을까요?"라고 편지를 보냈다. 독일 예술가와 레이저로 표현되는 비디오 이미지 작품을 시도한 적도 있었다.

병으로 쓰러진 뒤 처음으로 기자들을 만난 자리에서 남준은 이야기했다.

"앞으로 레이저 아트 작품을 만들려고 합니다. 사각의 모니터라는 공간적 제약에서 미디어를 해방시키겠습니다. 레이저는 광선의 질이 다르니까 눈에 더 신선하고 새롭습니다."

기자는 남준에게 물었다.

"당신은 현대 예술에 비디오 아트라는 새로운 장르를 소개하고 대중화시킨 장본인인데, 왜 레이저 아트에 새롭게 도전하려고 하십니까?"

남준은 다음과 같이 답했다.

"사과만 먹는 것보다 키위나 망고도 먹어 보는 게 더 즐겁고 새롭지 않나요?"

남준은 늘 새로운 것을 추구해야 한다고 생각했다. 그러나 그것이 생각만큼 쉬운 일은 아니었다. 늘 긴장해야 했고, 끊임없이 상상력을 발휘해야 가능했다. 1993년 대전 엑스포 전시장에서 남준은 '버추얼 리얼리티(virtual reality)' 작품을 보고 한숨을 쉬었다. 버추얼 아트는 컴퓨터와 인간의 상호 작용을 극대화한 작품이었다. "내 작품은 이제 구식이 된 것인가."

그는 비디오 아트보다 기술로 앞서는 버추얼 미디어 아트를 보고 긴장한 것이었다.

예순다섯 살인 남준은 뇌졸중으로 불편한 몸을 이끌고 레이저 아트를 본격적으로 펼쳐 보겠다는 꿈을 꾸기 시작했다. 앞으로 남은 시간이 길지 않다는 생각에서인지, 남준은 강한 의지를 보이며 전시 준비에 매달렸다.

"구겐하임 전시회는 꼭 할 거야. 무조건 해야 하는 일이야. 그러니 안 된다는 말은 절대! 하지 마."

레이저로 뭔가를 만들겠다고 막연하게 생각했지만 실제로 작품을 만드는 건 쉬운 일이 아니었다. 고심 끝에 그는 그전과 다른 레이저 작품을 만들기로 마음먹었다. 이전까지 레이저는 주로 다른 영상을 쏴 주는 역할에 머물렀다. 레이저는 그저 '붓'과 같은 도구에 불과했다. 그러나 그 광선 자체가 예술이 될 순 없을까? 남준은 레이저 광선 자체를 예술로 승화시키겠다는 야심을 품었다. 구겐하임 미술관의 공간을 뚫고 뻗어 나가는 푸르스름한 레이저 광선 자체를 작품으로 만들어 보자.

훗날 자신의 미술관을 꾸미기 위해 마련해 둔 작업실에서 레이저 작품을 만들기 시작했다. 미니어처를 만들고 조수들과 토론을 거듭했다. 회고전이기 때문에 이제까지 제작해 온 작품들도 일일이 손보아야 했다. 남준은 '후기 비디오'란 주제를 정했지만, 미술관에서는 너무 어렵고 관념적이라고 했다. 좀 더 평범하고 쉬운 '백남준의 세계'로 주제가 정해졌다.

구겐하임 미술관은 1939년 광산으로 재산을 모은 사업가 솔로몬 구겐하임이 자신이 수집한 미술품을 공개한 데서 출발했다. 유명한 건축가 프랭크 로이드 라이트가 설계를 맡았다. 건축가는 이 미술관을 뉴욕의 '영적 전당'으로 만들고자 했다. 구겐하임 미술관의 별명은 '거대한 달팽이'였다. 달팽이 모양의 외관과 나선형 계단 때문에 붙은 별명이었다. 건물 중앙을 뻥 뚫어 놓은 7층 높이의 건물 전체를 나선형 복도가 감쌌다. 엘리베이터를 타고 꼭대기까지 올라간 관람자들이 경사로를 걸어 내려오면서 벽에 걸린 전시 작품들을 관람한다. 남준은 구겐하임 미술관의 독특한 구조 자체를 작품의 일부로 활용하기로 마음먹는다.

남준은 불편한 몸으로 미술관으로 가서 작품을 구상했다. 그 정도로는 성이 차지 않는지 조수에게 미술관 내부를 비디오로 찍어 오라고 했다. 미술관에서 전시장 내부를 찍는 건 금지되어 있다.

"전시회 일정이 확정되지도 않았는데, 촬영은 힘들겠는데요."

미술관 관계자는 고개를 저었다. 하지만 몸이 불편한 남준이 매일 미술관에 갈 수는 없었다. 남준의 조수 두 명은 8밀리미터 비디오카메라를 옷 속에 숨겼다. 미술관 내부를 도둑 촬영하기로 한 것이다. 8밀리미터 비디오카메라는 두꺼운 전화번호부만 했다. 조수들은 미술품을 감상하는 척하며 7층 꼭대기부터 아래로 내려오며 내부를 찍었다.

"이봐요, 거기, 뭐하는 겁니까?"

그들의 어색한 몸놀림을 수상하게 여긴 경비원이 덜미를 잡았다. 남준을 닮았는지 조수들도 순순히 물러나지 않았다. 쫓겨나면 다시 가고 또 쫓겨나면 다시 가고, 그러기를 세 번 반복했다. 두 사람은 마침내 구겐하임 미술관 내부를 몽땅 비디오카메라에 담는 데 성공했다.

전시회 날짜가 다가오자 남준은 현장에서 작품 제작과 설치를 직접 지휘하고 싶어 했다. 개막 한 달 전쯤 그는 여러 번 간호사와 시게코를 대동하고 미술관 7층 꼭대기로 올라갔다. 그러고는 나선형 복도를 따라 내려오면서 작품을 설치할 위치를 꼼꼼히 점검했다. 바닥에는 1970년대에 프랑스 등 유럽 전시회에서 찬사를 받은 〈TV 정원〉을 설치한다. 미술관 곳곳에는 〈TV 스위스 시계〉, 〈굿모닝, 미스터 오웰〉 등 대표작을 놓아 둔다.

그러나 이 전시회의 하이라이트는 두 개의 새로운 레이저 작품인 〈달콤하고 숭고한〉과 〈야곱의 사다리〉였다. 제작비만 300만 달러가 투입된 20세기 최대 규모의 프로젝트였다.

〈달콤하고 숭고한〉은 흰색, 빨간색, 파란색 등 여러 빛깔의 레이저 광선이 돔형의 미술관 천장으로 쏘아 올려져 쉼 없이 변하는 기하학적 형상을 그려 냈다.

7층 높이의 천장에서 진짜 물이 떨어지는 인공 폭포가 설치되었다. 쏟아지는 물줄기 사이로 연초록색 레이저 광선이 쏘아 올려졌다. 중간 중간에 거울을 달아 레이저 광선이 꺾이면서 위쪽으로 뿜어 나갔다. 계단 같은 굴곡이 생겨났다. 남준은 이 작품에 '야곱의 사다리'란 이름을 붙였다. 야곱의 사다리는『구약』「창세기」에 등장한다. 이삭의 아들 야곱이 쌍둥이 형 에서에게서 장자의 축복권을 빼앗고 형을 피해 도망갔다. 잠이 든 야곱은 꿈속에서 하늘과 땅을 이은 사다리를 보게 된다. 구름 사이로 이어진 사다리 위에 천사와 함께 하나님이 나타나 야곱에서 축복을 내려 주었다. 야곱의 사다리는 '천국으로 가는 길'을 뜻하며 서양에서는 구름 사이로 내려오는 한줄기 빛을 야곱의 사다리라고 부르기도 한다. 위로 뿜어 올라가는 빛이며 아래로 쏟아져 내리는 빛이었다.

구겐하임 회고전에는 과거에서 미래를, 지상에서 영원을 지향하겠다는 남준의 생각이 담겼다. 〈TV 정원〉으로 상징되는 평화로운 현세에서, 〈야곱의 사다리〉를 딛고 〈달콤하고 숭고한〉 천국으로 나가자는 것이다.

구겐하임 미술관 주변 가로등 기둥에 '백남준의 세계'란 플래카드가 팔락거렸다.

정식 오프닝에 앞선 이틀간의 프리뷰에 2000여 명의 후원자, 작가, 기자들이 몰려들었다. 마지막 프리뷰 때는 1, 2층 복도에 발 디딜 틈도 없이 사람들이 들어찼다.

초록색 비단 한복을 입고 흰색 목도리를 두른 남준은 휠체어를 타고 미술관에 들어섰다. 관람객은 박수로 그를 맞이했다. 듬성듬성 허옇게 센 수염, 얼굴 구석구석에는 검버섯이 피어 있었다. 모든 기를 쏟아 낸 듯 무척이나 지치고 늙어 보였다.

남준은 자신의 작품을 이렇게 설명했다.

"미술관 천장에 있는 작품이 '천(天)'이라면, 1층 플로어에 깔린 100개의 모니터는 '지(地)'야. 그리고 7층까지 복도에 전시된 과거 작품은 인(人)이야."

겉으로는 서양 기술처럼 보이지만, 실은 한국적 철학을 담으려 했던 것이다.

미술관 안은 어두웠다. 넓은 원형의 홀 바닥이 번쩍거린다. 텔레비전 100대가 천장을 보고 누워 있다. 그 영상에서 뿜어 대는 불빛이 미술관 안의 어둠을 밝혔다. 레이저 광선이 지그재그로 올라간다. 거울에 튕긴 레이저 빛살은 초록빛 폭포와 같았다. 사람들은 목이 뻣뻣해지도록 천장에서 나선형으로 돌아 내려오는 레이저 광선을 올려다보았다. 당시 남준은 백내장으로 눈이 잘 보이지 않았다. 수술을 하면 치료를 할 수 있지만 당뇨병으로 수술마저 곤란했다. 남준은 잘 보이지 않는 눈으로 찬란한 빛의 궁전을 만들었던 것이다.

개막식 날, 매표소 앞에 관람객들이 늘어섰다. 구겐하임에서 열린 백남준 회고전의 관람객은 25만 8187명이었다.

1998년 6월 9일 저녁 백악관 만찬장에서 전대미문의 사건이 벌어졌다. 미국 대통령인 빌 클린턴 부부 앞에서 남준이 바지를 내린 것이다. 더욱 놀라운 건, 바지 안에 속옷도 입지 않았다는 것이다. 클린턴 대통령이 미국을 방문한 한국의 김대중 대통령 부부를 위해 백악관 만찬을 열었는데, 이 자리에 한미 양국의 귀빈들도 초대되었다.

남준은 검정 턱시도에 하얀 와이셔츠를 받쳐 입고 만찬장에 도착했다. 일일이 악수를 하며 인사를 했다. 남준은 조카의 부축을 받아 잠시 휠체어에서 일어났다. 평소 바지를 헐렁하게 입고 멜빵을 멨던 그는 하필 그날 멜빵도 허리띠도 하지 않았다. 바지춤을 잡고 엉거주춤 서 있던 그는 대통령이 악수를 청하자 손을 내밀었다. 그 순간 바지가 주르륵 흘러내렸다. 엉덩이가 그대로 노출되어 버렸다.

정적이 흘렀다. 대통령의 만찬장에서 엉덩이를 보이다니.

사람들은 이것이 남준의 실수인지, 그의 퍼포먼스인지 헷갈려했다. 누군가는 남준의 복수(?)극이라고 말했다. 남준은 "빌 클린턴이 나의 아이디어를 도용했다"라는 말을 했던 터였다. 이런 말을 하게 된 이유는 다음과 같다.

1974년 남준은 록펠러 재단에 전자 초고속 도로 작업을 위한 연구서를 제출했다. 내용 중에 미국이 경제 문제를 해결하려면 전자 초고속 도로를 만들어야 한다는 주장이 들어 있었다. 그런데 클린턴이 1992년 대통령 출마 선거 유세 때 자기 아이디어를 사용했고, 당선되자마자 기업 총수들을 불러 정보 고속 도로(data super highway) 구상을 지시했다는 것이다. 남준은 클린턴 대통령이 아마 8년 전에 옥스퍼드 대학 도서실에서 자기가 쓴 글을 읽고 이 아이디어를 도용했을 거라고 했다. 그래서 누군가는 남준의 바지 소동이 그때의 복수극이라고도 했다. 하지만 시게코는 그건 그냥 실수로 벌어진 일이라고 말했다.

1998년 남준은 교토상을 수상했다. 교토상은 인류의 과학과 문명을 발전시키고 인간의 정신적 가치를 높인 사람에게 주는 노벨상에 버금가는 큰 상이었다. 남준은 정신 표현 예술 분야에서 상을 받았는데, "비디오 아트라는 새로운 표현 형식을 현대 미술에 도입해 그것을 컴퓨터 등의 전자 미디어와 접목시켜 미디어 아트로 발전시킴으로써 현대인에게 꿈과 비전을 주고 새롭고 풍요로운 창조의 세계를 개척한 첨단 기술을 대표하는 미술가"라는 이유에서였다.

시게코는 남준이 시상식 때 일본 황태자와 황태자비를 만난다는 말을 듣고 바지 멜빵이 흘러내리지 않게 꿰매 주었다.

수상식이 끝나고 기자 회견이 이어졌다. 평소에 남준은 공식 석상에서 이야기하는 걸 몹시도 싫어했다. 우스갯소리로 자기 차례를 넘기거나 싱거울 정도로 짤막한 대답만 했다. 뉴욕에서 명예박사 학위를 받았을 때에도 반바지에 흰 양말을 신고 휠체어를 타고 나타나 연설 없이 "땡큐" 하고는 사라졌다. 그런데 교토상 수상식 때 남준은 엉뚱한 대답을 해서 기자들을 어리둥절하게 만들었다.

인간과 예술의 관계는 무엇이며 예술이 인간에게 어떤 역할을 하냐는 질문에 대해 남준은, "내가 한 것으로 다른 수상자들 옆에 앉아서 기자 회견을 한다는 게 영광스럽습니다. 학교 다닐 때 난 수학을 싫어했고 점수를 못 따서 미안했는데, 수학으로 인류에게 공헌한 분과 교토상을 타서 용서받은 기분입니다"라며 질문의 답이 아니라 대뜸 수상 소감을 말한 것이다. 게다가 다음 사람에게 질문을 던졌는데, 마이크를 잡고 이야기를 시작했다.

"표현주의는 인간의 자유를 뜻합니다. 예술은 인간의 배설적 행위이기 때문에 사회의 안전벨트 같은 역할을 합니다."

첫 번째 질문에 대한 대답이 이제야 나온 것이다. 다른 기자가 앞으로 어떤 예술을 하고 싶으냐고 물었다.

"나는 그동안 남보다 앞선 것을 하다 보니까 이해받지도 못했고 또 파괴와 반항의 예술을 한다고 야단도 맞고 했는데, 오늘은 칭찬을 받아서 기쁩니다. 이제는 나의 예술을 인정받는 것 같아서 마음 놓고 일할 수 있을 것 같습니다."

남준은 이렇게 말하고 사람들을 향해 환히 웃어 보였다.

굿나잇, 미스터 백

뉴욕의 날씨는 차가웠다. 남준은 시게코가 모자를 씌워 주면 답답하다고 벗었고, 시게코는 털실이 늘어지도록 꾹 눌러 다시 씌워 주었다. 남준은 머리가 덥다며 모자를 절대 쓰지 않으려고 했다. 둘은 털모자를 두고 실랑이를 했다. 남준은 잡아당기고 시게코는 깊숙이 씌우고, 모자 하나를 두고 몸싸움을 벌였다. 결국 남준의 얼굴만 시뻘게졌다.

병석에 있는 남편을 위해 시게코는 뉴욕의 한인 타운에 김치를 사러 다녔다. 인삼, 버섯, 다시마, 소고기, 우엉, 무, 마늘, 생강 등등 몸에 좋은 것이라면 다 들어간 수프를 끓여 주었다. 남준은 농담처럼 "공짜보다 싼 건 없으니까", "부인이 만든 음식을 돈 내고 사 먹는 사람은 없으니까"라고 말하며 후루룩 수프를 넘겼다.

어느 날 남준은 시게코에게 넌지시 말했다.

"시게코, 우리가 젊었을 때 당신은 내게 최고의 연인이었소. 이제 내가 늙으니 당신은 최고의 어머니, 그리고 부처가 되었구려."

백남준 미술관 담당자가 남준을 찾았다. 그는 남준의 건강 상태가 나빠진 걸 보고 걱정했다.

"도대체 어떻게 된 일입니까?"

남준은 "눈이 한쪽만 보인다"고 대답했다. 당뇨병의 후유증으로 한쪽 눈을 잃었다는 것이다. 상대가 안타까워하자 남준은 말했다.

"일목요연, 외눈이라 더 잘 보여!"

2006년 1월 26일 한밤중에 남준이 큰 소리로 잠꼬대를 했다.

"조 존슨, 에밀리 하비, 알 로빈스!"

조 존슨과 에밀리 하비는 플럭서스 시절의 친구였다. 그들은 젊은 나이에 세상을 떴고, 알 로빈스 역시 고인이 된 시인이었다. 시게코가 걱정스럽게 물었다.

"무슨 꿈을 꿨어요? 왜 갑자기 죽은 친구들 이름을 불러요?"

"그랬어? 나도 왜 그랬는지 모르겠어."

그로부터 사흘 뒤인 1월 29일은 음력으로 정월 초하루였다.

저녁으로 장어 덮밥을 한 그릇 뚝딱 비우고 남준은 잠자리에 들었다. 평소보다 이른 오후 여섯 시에 잠들었다. 그러나 두어 시간쯤 지나자 남준의 숨결이 거칠어졌다. 구급차가 오기 전에, 남준은 시게코의 팔 안에서 숨을 거뒀다.

"나는 예순네 살이다. 일흔네 살이 되고 싶다."

뇌졸중으로 쓰러진 1996년에 생일인 7월 20일을 맞아 남준은 철제 침대 옆 벽에다 소원을 적었다. 앞으로 10년만 더 살고 싶다고 했다. 2012년은 존 케이지가 세상에 태어난 지 100년째 되는 해이다. 그는 2012년에 스승을 추모하는 콘서트를 열고 싶다고 했다. 그러나 남준은 일흔네 번째 생일을 다섯 달 남기고 세상을 떠났다.

남준의 죽음을 두고 『뉴욕 타임스』에 「성공한 반란자」라는 제목으로 애도 기사가 실렸다.

많은 예술가들이 기존의 심미적 관념을 조롱할 수 있는 방법을 찾기 위해 자신들의 젊음을 바치고 있다. 그럼에도 이 같은 반란자의 지위를 늙을 때까지 유지하는 경우는 드물었다. 그러나 백남준은 기존의 심미적 관념에 대한 반란자로 성공적인 삶을 보여 준 위대한 예술가다. 그는 새로운 세대의 도전을 이해했다. 그리고 예술과 테크놀로지의 접목을 통해 또 다른 과학적 장난감을 어떻게 만드느냐가 아니라 테크놀로지와 전자 매체에 어떻게 인간성을 부여하느냐를 끈질기게 추구했다.

뉴욕 캠벨 장례식장에서 추도식이 열렸다. 남준은 단단한 재질의 마호가니 관에 누워 있었다. 관 뚜껑을 반쯤 열어 놓고 죽은 사람의 얼굴을 보여 주는 것이 서양식 장례 풍습이었다. 장례식 사회를 보던 조카는 "고인을 위해 마지막 퍼포먼스를 하자"고 말을 꺼냈다. 남준이라면 이렇게 심심한 장례식을 원치 않았을 거다.

"옆 사람의 넥타이를 잘라 관 속에 넣어 주세요."

조카는 1960년대에 남준이 독일에서 했던 넥타이 자르기 퍼포먼스를 장례식에서 재연하자고 제안했다. "고인이라면 자신의 장례식장에서도 뭔가 했을 것"이라는 말에 손님들도 동의했다. 장례식의 퍼포먼스는 남준을 위한 마지막 이벤트였다. 사람들은 남준을 '웃으면서' 보냈다.

남준의 유골은 한국과 독일, 미국에 나뉘어 안치되었다. 한국에는 49재를 3일 앞둔 3월 15일에 도착했다. 유골과 영정 사진, 〈내 손〉이란 유작과 함께 봉은사에 모셔졌다. 남준이 세상을 떠난 지 6개월 뒤에 첫 삽을 뜬 용인의 백남준 아트센터가 2008년 5월에 완공되었다. 이곳에는 레이저 아트 〈삼 원소〉를 비롯하여 〈TV 물고기〉, 〈TV 시계〉, 〈로봇 K456〉 등의 작품이 전시되었다. 아트센터의 이름은 '백남준이 오래 사는 집'이다.

앞으로 어떠한 예술을 하고 싶으냐는 질문에 남준은 이렇게 답했다고 한다.

"날더러 얼마나 더 살고 싶으냐는 질문 같은데, 적어도 존 케이지가 태어난 지 100년이 되는 2012년까지는 살아야 케이지를 추모하고 내 예술과의 만남을 다시 환생시키는 일을 해 볼 것 같다. 물론 신이 허락해야 되는 일이겠지만. 내 예술적 관심은 1990년대에 시작한 레이저 작업을 확장시키는 일일 것이다."

남준은 언제나 미지의 것을 추구했고, 미지의 세계와 만나고자 했다. 그의 미술관은 점점 위성과 우주로 확장되어 갔다. 부단히 미지의 것을 향해 열어 나가며, 기존의 것을 끌어안고 그것들에 새로운 자리를 배정하는 과정을 지시한다.

"예술가의 역할은 미래를 사유하는 것이다. 미래를 사유한다는 것은 미래에 실현 가능한 여러 가지 시나리오를 떠올리는 일이다."

휘트니 비엔날레 서울 전시를 기념하며, 남준은 젊은이들에게 이런 메시지를 전했다.

"창조가 없는 불확실성은 있지만, 불확실성이 없는 창조란 있을 수 없다. 우리는 청년들에게 맛있는 음식을 주려고 이 전람회를 끌어 온 것이 아니다. 청년들에게 무슨 음식이나 깨뜨려 먹는 강한 이를 주려고 이 고생스런 쇼를 하고 있는 것이다."

이 글을 쓰는 동안 백남준 선생님은 내 친구였다. 모니터에 앉으면 놀이터에 온 것 같았다.

"오늘은 뭐 하고 놀지?"

멜빵바지 차림의 백남준 선생님이 싱긋 웃으며 다가온다. 웃옷 주머니에는 물병이, 겨드랑이엔 신문지가 꽂혔다.

"예술이 뭐 별거야? 하는 사람이나 보는 사람이 함께 노는 거지."

백남준 선생님은 장난꾸러기 아이였다. 호기심이 많고 뭐든 만들어 내길 좋아했다. 예술은 놀이였다. 하지만 아이들이 그러하듯, 진지한 놀이였다. 모래성을 쌓거나 레고 블록을 가지고 노는 아이들을 보라. 표정이 자못 심각하다. 그 놀이에 푹 빠져 있기 때문이다. 하지만 모래성을 다 쌓으면 툭툭 털고 일어난다.

"뭐 더 재미있는 게 없을까?"

피아노를 연주하지 않고 부순다. 머리카락을 붓 삼아 그림을 그린다. 텔레비전을 쌓아 피라미드와 탑을 만든다. 인공위성으로 각 대륙의 예술가들을 미팅시킨다. 레이저 광선으로 하늘까지 올라가는 사다리를 놓는다. 남들이 하지 못하는 새로운 놀이를 발견해 냈다.

우리는 백남준 선생님의 작업을 통해 새로운 예술과 만나게 된다. 남들이 하지 않은 짓을 하는 건 겁나는 일이다. 위험 부담이 크다. 하지만 남들이 하는 일을 그대로 하는 건 반복일 따름이다. 예술가의 일은 우리에게 새로운 세상을 보여 주는 것이다. 백남준 선생님은 예술가를 '보는 사람'이라 했다. 텔레비전(television)은 멀리 본다는 뜻을 가졌다. 눈을 번쩍 뜨고, 귀에 안테나를 달고, 남들이 보지 못한 것을, 듣지 못한 것을 잡아채는 사람이다.

백남준 선생님은 작곡가에서 행위 예술가로, 비디오 아티스트에서 설치 미술가로, 인공위성 예술에서 레이저 예술까지 넘나들었다. 잠시도 쉬지 않고 새로운 예술을 찾아 떠났다. 초원을 달리는 유목민처럼. 유목민들은 한곳에 머물지 않는다. 백남준 선생님은 자신의 몸속에 흐르는 몽골 유전자를 자랑스러워했다. 우리의 엉덩이에도 몽고반점이 있다.

길은 떠나는 사람 앞에 펼쳐진다.

이 글에서는 다루지 못한 얘기를 덧붙이려 한다.

반신불수가 된 선생님은 해변에서 유치원 때 친구를 만났다고 한다. 친구를 본 선생님은 하늘을 향해 뭐라고 고함쳤다. 남들은 알아듣지 못할 소리였다. 붉게 상기된 얼굴로 헐떡거리며 외쳐 댔다. 놀란 친구가 달려오자 안겨서 엉엉 울었다고 한다. 아이처럼.

하고 싶은 일들은 너무 많은데 죽음은 너무 가까이 와 있다.

친구는 그저 등을 토닥거렸다. 백남준 선생님의 소원은 2012년까지 사는 것이었다. 스승인 존 케이지가 세상을 뜬 지 100년째 되는 해에 기념 행사를 하고 싶어 했다. 올해가 2012년이다. 만약 살아 계셨다면 어떤 쇼를 우리에게 보여 줬을까? 그분은 하늘 어디선가 재미있게 놀고 계실 것 같다. 천사들과 함께. 땅에서 우리가 즐겁게 예술과 놀길 바라면서 말이다. 우리는 거인의 어깨에 올라탔을 때 더 멀리 볼 수 있다.

백남준 연보

1932년 7월 20일	대한민국 서울에서 섬유업자 백낙승과 어머니 조종희의 3남 2녀 중 막내로 태어남. 일제 시기에 애국 유치원과 수송 초등학교를 거쳐 경기 공립 중학교를 졸업. 경기 중학교 재학 시절 피아니스트 신재덕과 이건우에게 피아노와 작곡을 배움.
1949년 11월	부친 백낙승을 따라 통역 자격으로 홍콩으로 감. 홍콩에서 반 년간 로이덴 스쿨을 다님.
1950년 5월	한국에 돌아옴. 한국전쟁 발발로 부산으로 피난하였으며, 같은 해 7월 27일 배를 타고 일본 고베로 떠남. 일본의 가마쿠라를 거쳐 도쿄에 정착함.
1952년 4월	일본 도쿄대학교 교양학부 문과에 입학.
1954년 4월	일본 도쿄대학교 문학부에서 미학과 미술사를 공부함.
1956년 3월	도쿄대학교 졸업. 졸업 논문으로 「아놀드 쇤베르크 연구」를 씀. 인도의 콜카타, 이집트의 카이로를 경유하여 서독으로 감. 뮌헨대학교에 다니다 프라이부르크 고등음악원으로 옮김.

1957년	현악 4중주 완성. 다름슈타트 국제 현대 음악 하기 강습회에 참가하여 슈토크하우젠을 만남.
1958년	다름슈타트 국제 현대 음악 하기 강습회에서 존 케이지를 만남. 쾰른의 서독 방송국(당시 WDR) 전자 음악 스튜디오에서 작업 시작.
1959년 11월	뒤셀도르프 '갤러리 22'에서 피아노 두 대, 테이프 리코더 세 대, 달걀과 완구를 사용한 최초의 퍼포먼스 〈존 케이지에게 경의를〉을 공연. 퍼포먼스 과정에서 피아노를 파괴함.
1960년 10월	쾰른의 마리 바우어마이스터의 아틀리에에서 퍼포먼스 〈피아노포르테를 위한 습작〉을 발표.
1961년	플럭서스 창시자인 조지 마키우나스와의 첫 만남. 그후 플럭서스 창립 멤버 중 하나가 됨. 스톡홀름에서 〈심플〉의 퍼포먼스 초연. 10월에 쾰른에서 〈머리를 위한 참선〉, 〈에튀드 플라토니크〉 공연. 슈토크하우젠의 〈괴짜들〉 공연.
1962년	〈앨리슨을 위한 세레나데〉 초연. 〈이동 극장〉 가두 퍼포먼스 초연. '플럭서스 음악 반음악 악기 극장'에 참가. 코펜하겐 〈먼 거리의 음악〉 퍼포먼스 공연. 파리 에펠탑에서 〈청중이 없는 높은 탑을 위한 음악〉 퍼포

먼스 공연, 일본에 〈세계의 새로운 악보전〉 출품, 〈20
개의 방들을 위한 악보〉 작곡.

1963년 3월 부퍼탈의 파르나스 화랑에서 '음악의 전시-전자 텔레
비전' 첫 전시회를 가짐. 일본으로 건너가 기술자 아
베 슈야를 알게 됨.

1964년 쇼게츠 홀에서 퍼포먼스 〈존 케이지에게 경의를〉 공연.
8월에 샬럿 무어먼과 〈괴짜들〉, 〈로봇 오페라〉 공연.

1965년 뉴욕의 뉴스쿨에서 〈백남준 일렉트로닉전〉 등 개최.
무어먼과 〈성인을 위한 첼로 소나타〉 초연.

1966년 무어먼과 〈오페라 섹스트로니크〉 초연.

1967년 〈오페라 섹스트로니크〉로 경찰에 체포됨.

1969년 〈창조적 매체로서의 텔레비전〉 전시회에서 무어먼과
공연. 〈참여 텔레비전〉, 〈살아 있는 조각을 위한 텔레
비전 브라〉를 제작. 제7회 아방가르드 페스티벌에서
〈물고기 소나타〉 초연.

1971년 보니노 화랑에서 백-아베 비디오 신시사이저, 〈TV 안
경〉을 초연.

1972년 제9회 아방가르드 페스티벌에서 〈TV 침대〉 초연.

1976년 보니노 화랑에서 〈하늘을 나는 물고기〉 전시. 쾰른에
서 개인전 개최. 〈비디오 물고기〉, 〈TV 로댕〉, 〈TV 부

처〉 등의 설치 작품 출품.

1977년	구보타 시게코와 결혼. 함부르크 대학 교수가 됨.
1978년	파리 퐁피두센터에서 〈TV 정원〉 전시.
1982년	휘트니 미술관에서 대형 회고전 개최. 퐁피두센터에서 384대의 모니터를 활용한 〈삼색 비디오〉 작품 제작.
1984년	〈굿모닝, 미스터 오웰〉 인공위성 프로젝트 제작.
1986년	인공위성 프로젝트 〈바이바이 키플링〉 제작.
1988년	〈세계는 하나로〉 88년 서울 올림픽 인공위성 프로젝트 제작.
1993년	베네치아 비엔날레 독일관 출품, 황금사자상을 받음. 대전 엑스포 재생조형관 전시 참가.
1996년	호암상 수상. 4월 20일 뇌졸중으로 쓰러짐.
1998년	교토상 수상.
1999년	독일 브레멘미술관 개인전.
2000년	구겐하임 전시.
2006년	사망.

미디어 아트의 거장

백남준

ⓒ 김나정, 2012

초판 1쇄 발행 2012년 3월 22일
초판 3쇄 발행 2020년 9월 15일

지은이   김나정
펴낸이   강병철

펴낸곳   더이룸출판사
출판등록   1997년 10월 30일 제1997-000129호
주소   04047 서울 마포구 양화로6길 49
전화   편집부 (02)324-2347 경영지원부 (02)325-6047
팩스   편집부 (02)324-2348 경영지원부 (02)2648-1311
이메일   jamoteen@jamobook.com

ISBN 978-89-5707-643-9 (44990)